复杂网络视角下
中国旅游地游客感知研究

温　暖　张　旭　唐华仓　著

中国农业出版社
北　京

图书在版编目（CIP）数据

复杂网络视角下中国旅游地游客感知研究 / 温暖，张旭，唐华仓著. -- 北京 ：中国农业出版社，2024. 11. -- ISBN 978-7-109-32606-4

Ⅰ. F592.3

中国国家版本馆 CIP 数据核字第 2024FW5446 号

复杂网络视角下中国旅游地游客感知研究

FUZA WANGLUO SHIJIAOXIA ZHONGGUO LUYOUDI YOUKE GANZHI YANJIU

中国农业出版社出版

地址：北京市朝阳区麦子店街 18 号楼

邮编：100125

责任编辑：姚　佳　王佳欣

版式设计：王　晨　　责任校对：吴丽婷

印刷：北京印刷集团有限责任公司

版次：2024 年 11 月第 1 版

印次：2024 年 11 月北京第 1 次印刷

发行：新华书店北京发行所

开本：720mm×960mm　1/16

印张：11

字数：203 千字

定价：78.00 元

前　言

本书拟在复杂网络视角下开展中国旅游地游客感知大数据识别技术及其应用研究，以期可以快捷地从旅游大数据中挖掘游客偏好，高度复原游客行为取向，为旅游供给面如何快速地迎合旅游需要、精准地制定营销策略以及有针对性地整改引流提供新的思路，为智慧旅游增加新的理论指导，本书研究将具有广阔的应用前景。其主要研究结论如下：

首先，利用二模网络技术构建中国入境旅游流网络，重现全国除香港、澳门、台湾以外的31个省份的13个主要客源国的入境旅游的“多对多”的隶属关系。在此基础上，利用相关指标解析中国入境旅游流网络时空演变规律。首先，从整体结构上看，2008—2017年，中国入境旅游流网络关系数量稳定，维持在110条左右，密度、平均最短路径长度、直径等指标均未出现稳定性增长；其次，中国入境流网络明显呈现“三核集聚”的板块化特征，十八省区板块、京津都市圈板块和青藏高原板块。最后，中国入境旅游流网络存在多中心极核特征。从度数中心度上看，湖北省和四川省度值最高，其在客源国联系广泛性上优势明显；从中介中心度上看，其存在长尾现象，福建省能够取得中介极大值。因此，着眼于一盘棋整体谋划，释放旅游资源潜力，优化资源跨板块重组，必然会在一定程度上实现优势互补、相辅相成，最终实现各地区旅游产业协同发展。

其次，运用复杂网络分析方法，贴合中国入境游客多城市旅游特征，构建中国入境旅游俱乐部关系网络，挖掘其结构特征并剖析其驱动因素。一方面，从中国入境旅游俱乐部关系网络结构上看，31个省份间存在276条关联关系，0.29的低密度属性说明中国入境旅游俱乐部关系网络碎片化特征明显，一部分地区对另一部分地区的辐射带动能力有限。中国入境旅游俱乐部关系网络有净受益板块、经纪人板块、双向溢出板块以及净溢出板块，板块特征明显。同时，从度数中心度上看，山东省和辽宁省是高度值省份，成为中国入境游客集散中心；从中介中心度上看，山东省、辽宁省、吉林省、上海市和广东省是高度值省份，成为主要出入境门户省份。另一方面，从中国入境旅游俱乐部关系网络形成机理上看，它是一系列因素共同作用的结果。各省份国际旅游外汇收入、旅游接待设施、旅游交通设施以及旅游服务也对中国入境旅游俱乐部关系网络形成有差异性影响。因此，塑造良好的入境旅游发展氛围、厚植旅游产业基础、挖掘旅游特色，有助于一省从其他省引入入境游客，最终推动区域旅游业联动发展。

再次，利用模糊集定性比较分析技术，以全国除香港、澳门、台湾以外的31个省份为样本，从资源、市场和产品服务等方面，研究中国乡村旅游发展的路径组态，分析先进地区乡村旅游发展的驱动因素，寻求不同地区乡村旅游发展差异化发展路径。经分析可知，旅游资源决定了乡村旅游的厚度，旅游需求决定了乡村旅游的高度，乡村旅游由东部向中西部地区依序发展。因此，突出地方特色，增加乡旅供给；加强政策引导，鼓励乡旅消费；提高服务水平，实现高质量发展是推动各地区乡村旅游产业的发展方向。

又次，利用三层贝叶斯模型概率图模型，以少林寺为例，挖掘旅游地游客感知形象，并结合相关软件深度发掘游客的情感特征。在此基础上，引入社会网络模型构建感知词结构关联。经分析可知，游客对少林寺的消极情态感知总体大于积极情态感知，存在明显的极化特征。因此，加强少林寺旅游资源的保护与传承、加强旅游地内部旅游标志物间的联动、提高商业化服务能力有利于提升少林寺管理水平，优化游客感知。

最后，利用内容分析法，以云台山为例，挖掘游客感知。在此基础上，利用复杂网络分析方法寻找游客感知关联关系。经分析可知，在旅游资源方面，游客对自然景观的关注度比较高，对历史文化关注度并不高。在基础设施方面，游客对旅游地游玩活动比较满意，对服务态度不好、基础设施不完善、管理不到位等不满意。特别是，工作人员的态度、猕猴表演、停车费、取票、管理等问题会直接影响游客体验感受。因此，加快发展云台山新主题活动、重视历史文化与自然景观的联动效应、提升管理工作人员的业务能力将有助于提高规范化管理。

本书由河南农业大学经济与管理学院温暖、张旭、唐华仓著，其中，温暖撰写 7 万字，张旭撰写 8 万字，唐华仓撰写 5 万字，程婉青、杨越志、杨港利、郑浩东进行资料收集、部分内容起草、校对与统稿。在本书撰写过程中，受到河南省科技攻关项目（202102310306）、河南省高等院校哲学社会科学重大项目（2022－YYDZ－08）、2020 年河南省哲学社会科学规划年度项目（2020CJJ084）、河南省大学生创新训练计划项目（202310466027）资助。

著 者

2023 年 11 月

目　　录

前言

第一章　绪论……………………………………………………………… 1

第一节　研究背景…………………………………………………… 1
第二节　研究目的和研究意义……………………………………… 2
一、研究目的……………………………………………………… 3
二、研究意义……………………………………………………… 3
第三节　研究内容…………………………………………………… 3
第四节　研究技术路线……………………………………………… 4

第二章　概念界定、理论基础与相关研究进展………………………… 5

第一节　概念界定…………………………………………………… 5
一、旅游地………………………………………………………… 5
二、游客感知……………………………………………………… 6
三、游客网络关注度……………………………………………… 8
第二节　理论基础…………………………………………………… 9
一、复杂网络理论………………………………………………… 9
二、空间自相关理论 ……………………………………………… 10
第三节　相关研究进展 ……………………………………………… 11
一、复杂网络的经典模型 ………………………………………… 11
二、游客旅游行为网络化相关研究进展 ………………………… 14
三、旅游供应链网络化相关研究进展 …………………………… 16
四、旅游产业网络化相关研究进展 ……………………………… 17
五、河南省旅游相关研究进展 …………………………………… 19

第三章　中国旅游产业现状分析 ……………………………………… 28

第一节　中国旅游市场总体分析 …………………………………… 28

第二节　中国旅游消费者分析 …… 31
一、中国旅游消费者消费特点分析 …… 31
二、中国旅游消费者消费特点成因分析 …… 32
第三节　中国旅游新业态新模式分析 …… 34
一、旅游新业态分析 …… 34
二、旅游新模式 …… 37
第四节　中国旅游企业分析 …… 41
一、携程旅行网 …… 41
二、美团网 …… 42
三、同程网 …… 43
四、穷游网 …… 44
五、马蜂窝旅游网 …… 46
第五节　本章小节 …… 46

第四章　二模网络技术挖掘中国入境游客感知 …… 48

第一节　导言 …… 48
第二节　研究设计 …… 49
一、数据来源与数据处理 …… 50
二、省际入境旅游流网络模型构建 …… 51
三、省际入境旅游流网络特征指标测度 …… 51
第三节　结果与讨论 …… 53
一、中国省际入境旅游流网络形态演变情况 …… 53
二、中国入境旅游流整体结构分析 …… 64
三、中国入境旅游流网络核心边缘聚类分析 …… 65
四、入境旅游流二模网络中心性分析 …… 68
第四节　结论与建议 …… 71
一、结论 …… 71
二、启示 …… 72
三、建议 …… 73
第五节　本章小节 …… 74

第五章　复杂网络技术挖掘中国跨省域旅游入境游客感知 …… 75

第一节　导言 …… 75
第二节　研究设计 …… 76

一、数据来源和数据处理 …… 76
二、入境旅游俱乐部关系网络模型构建 …… 77
三、入境旅游俱乐部关系网络拓扑特性参数分析 …… 77
四、QAP 算法 …… 79
第三节 结果与讨论 …… 79
一、中国入境旅游俱乐部关系网络的建立 …… 79
二、中国入境旅游俱乐部关系网络整体结构分析 …… 81
三、中国入境旅游俱乐部关系网络聚类情况分析 …… 81
四、中国入境旅游俱乐部关系网络中心性分析 …… 83
五、中国入境旅游俱乐部关系网络形成机理分析 …… 84
第四节 结论与建议 …… 88
一、结论 …… 88
二、讨论 …… 89
三、建议 …… 90
第五节 本章小节 …… 91

第六章 模糊集定性比较分析技术挖掘中国乡村旅游游客感知 …… 93

第一节 导言 …… 93
第二节 研究区域概述 …… 94
一、河南省行政村概况 …… 94
二、河南省使用频次最高的村名 …… 95
三、常见的专名与通名 …… 96
四、18 市村名共现网络 …… 98
五、最具河南省特色的村名 …… 99
第三节 研究设计 …… 100
一、理论框架 …… 100
二、数据构建 …… 102
第四节 结果与讨论 …… 104
一、必要条件的识别 …… 104
二、绝对水平的组态分析 …… 106
三、相对水平的组态分析 …… 108
四、共同解释的案例及其验证 …… 110
第五节 结论与建议 …… 111
一、主要结论 …… 111

二、政策建议 …… 111
第六节 本章小节 …… 112

第七章 利用三层贝叶斯概率图模型挖掘旅游地游客 …… 113

第一节 导言 …… 113
第二节 研究设计 …… 113
第三节 案例介绍：少林寺 …… 115
一、少林寺概述 …… 116
二、自然资源 …… 117
三、人文资源 …… 119
第四节 样本介绍与样本选取 …… 120
一、样本介绍 …… 120
二、样本选取 …… 122
第五节 实证分析 …… 123
一、数据预处理 …… 123
二、LDA 主题挖掘分析 …… 125
三、LDA 主题情感分析 …… 129
四、主题词网络分析 …… 130
第六节 结论与建议 …… 132
一、结论 …… 132
二、建议 …… 133
第七节 本章小节 …… 133

第八章 利用内容分析法挖掘旅游地游客感知 …… 135

第一节 导言 …… 135
第二节 研究设计 …… 135
第三节 案例介绍：云台山 …… 136
一、云台山概述 …… 136
二、自然资源 …… 138
三、人文资源 …… 140
第四节 样本介绍 …… 141
第五节 样本选取与数据预处理 …… 142
第六节 实证分析 …… 142
一、认知形象分析 …… 142

二、情感形象分析 …… 144
三、语义网络分析 …… 146
第七节　结论与建议 …… 147
一、结论 …… 147
二、建议 …… 147
第八节　本章小节 …… 148

第九章　总结及下一步研究展望 …… 149

第一节　全书总结 …… 149
第二节　下一步研究展望 …… 151

参考文献 …… 152

第一章　绪　　论

旅游作为一种全球性的社会现象，近年呈现出爆发式的增长。旅游满足了人们追求休闲和享受生活的需求，也促进了经济发展、文化交流和环境保护等。本章主要阐明研究背景、研究目的、研究意义以及研究内容，希望帮助读者加深对本书的认识和理解，也希望他们能够更好地明确本书研究的重要性和意义。

第一节　研究背景

伴随中国经济进入新常态，旅游已经成为经济增长新动能。2018 年，全国旅游业总收入达 5.97 万亿元，占 GDP 的 11.04%。如何更好地发展旅游产业，融合“互联网+”思维的智慧旅游成为新形态。智慧旅游是综合运用多种现代高新技术，高度整合旅游物理资源和旅游信息资源，全面改善旅游管理和旅游服务的全新旅游形态。我国政府高度重视智慧旅游产业发展，先后两批次设立了 33 个智慧旅游试点城市，并大力倡导智慧旅游新技术应用实践。在此战略契机下，河南省颁布了旅游产业转型升级行动方案，积极推动河南省旅游产业实现融合化、智能化、绿色化、高端化和标准化。目前，在全省范围内，电子商务平台、互联网购票系统、Wi-Fi 景区全覆盖系统、旅游官方微博、掌上旅游 App 等智慧旅游新技术已经得到了广泛应用。

智慧旅游引导游客产生旅游新习惯，游客“线上购买、线下消费、线上评价”已经成为现实。目前，全国拥有类似于去哪儿网、携程旅行网、驴妈妈旅游网等全国性旅游资讯平台 5 000 余家，这些高质量旅游平台增加了旅行者表达旅游地感知的积极性和便捷性。无论文字图片，还是语音视频，游客都可以随时随地地分享，评论吃、住、行、游、购、娱等旅游活动，评价商、养、学、闲、情、奇等旅游动机，甚至表达情绪、语调、语气、表情、手势等非语言符号（图 1-1）。这些高维复合信息内容对于还原游客行为取向有重大意义，如果旅游供给侧能够敏锐地捕捉相关信息，就可以有针对性地开展旅游开发管理，以更好地迎合旅游需求和增加旅游黏性。

如图 1-1 所示，旅游地感知是游客对于旅游目的地的印象、信念及思想

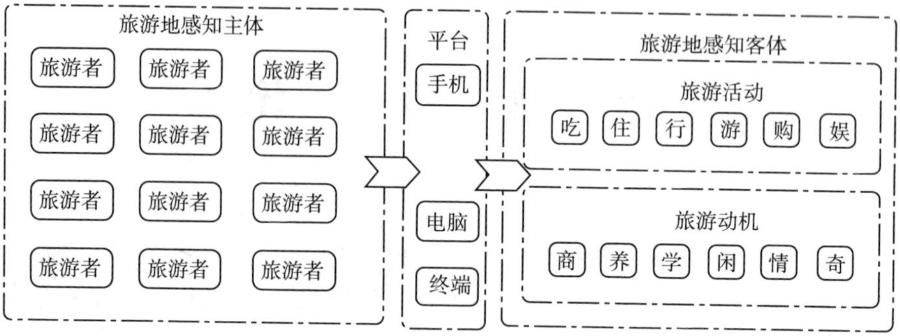

图1-1　游客感知

的综合。无论在全球层面上，还是在中国全域层面上，抑或是在某一个旅游地层面上，游客感知都会直接影响到游客的目的地选择。对于中国来说，广袤的地理空间和丰富的旅游资源为游客提供了更多选择，游客可以根据自身偏好选择适宜目的地出行，最终表现为旅游流在不同地域范围内自由流动。从这个意义上来讲，中国旅游市场格局在很大程度上是由游客感知决定的。于是，旅游地感知就可以被抽象为一个包含游客、旅游地感知因子、游客与旅游地感知因子之间的“多对多”关联关系的开放性复杂系统。其中，任一要素与其他要素之间都不是简单机械地组合叠加，每一个要素都是在既定位置上发挥既定作用，最终使系统成为有一定功能的有机整体。现代网络科学认为，如果仅聚焦于个体，无论是节点，还是节点间关系，都只适合于简单认识，并不能如实反映整体性。因此，旅游地开发管理既要从游客视角，又要从旅游地感知因子视角出发，才可以高度还原游客真实体验，更好地进行开发管理。

对于这一崭新且极富意义的研究领域，在“旅游地感知—旅游行为—开发管理”逻辑导向下，深入开展旅游地感知大数据识别技术及其应用研究，可以快捷地从旅游大数据中挖掘游客偏好，高度复原游客行为取向，从而使旅游供给侧可以快速地迎合旅游需要、精准地制定营销策略以及有针对性地整改引流。本书将为智慧旅游提供新的思路，并在实际应用中有广阔的前景。

第二节　研究目的和研究意义

本节主要阐述了全书的研究目的和研究意义。旅游地感知大数据识别技术主要面向旅游供给侧，利用大数据挖掘技术深度挖掘游客感知，以便更加快速地迎合旅游需求，精准地制定营销策略，并有针对性地进行整改引流。

一、研究目的

本书拟在二模网视角下开展旅游地感知大数据识别技术及其应用研究，以期可以快捷地从旅游大数据中挖掘游客偏好，高度复原游客行为取向，为旅游供给面如何快速地迎合旅游需要、精准地制定营销策略以及有针对性地整改引流提供新的思路，为智慧旅游增加新的理论指导，将具有广阔的应用前景。

二、研究意义

本书拟在二模网视角下进行旅游地感知大数据识别技术及其应用研究，其理论意义和现实意义如下。

理论意义：在智慧旅游背景下，现有的旅游大数据挖掘技术主要面向游客，挖掘方法较多依赖于推荐算法，普适性不强，识别精度和识别效率也有待提高。鉴于此，面向旅游供给侧的旅游地感知大数据识别技术综合了大数据挖掘技术和二模网络分析技术，在一定程度上完善了现有研究。

现实意义：旅游地感知大数据识别技术主要面向旅游供给侧，旨在帮助其精确感知游客行为取向，深度挖掘旅游地潜在优势，促进旅游资源合理利用，最终为推动河南省旅游产业实现融合化、智能化、绿色化、高端化和标准化发展提供有力的理论支撑和技术支持。

第三节 研究内容

本书在复杂网络视角下开展旅游地游客感知大数据识别技术及其应用研究，以期可以快捷地从旅游大数据中挖掘游客偏好，高度复原游客行为取向，为旅游供给面如何快速地迎合旅游需要、精准地制定营销策略以及有针对性地整改引流提供新的思路，为智慧旅游增加新的理论指导，本书研究将具有广阔的应用前景，其主要内容安排如下。

(1) 二模网络技术挖掘中国入境游客感知。基于2008—2017年全国除香港、澳门、台湾以外的31个省份的13个主要客源国的入境旅游人数，利用二模网络技术，构建中国入境旅游流网络，可视化展示各省份的主要客源国的“多对多”的隶属关系。在此基础上，利用节点数、关系数、中心度相关指标解析中国入境旅游流网络时空演变规律。

(2) 复杂网络技术挖掘中国跨省域旅游游客感知。基于各地区接待外国过夜游客人数统计（按国籍分），运用复杂网络分析方法，构建中国入境旅游俱乐部关系网络，挖掘密度、块模型、中心性等结构特征，并利用二次迭代分配程序剖析中国跨省域旅游驱动因素。

(3) 模糊集定性比较分析技术挖掘中国乡村旅游游客感知。以全国除香港、澳门、台湾以外的 31 个省份为样本，从资源、市场和产品服务等方面，研究中国乡村旅游发展的路径组态，分析先进地区乡村旅游发展的驱动因素，不同地区乡村旅游发展的路径差异。

(4) 利用三层贝叶斯概率图模型挖掘旅游的游客。以“少林寺”为检索关键词，综合考虑市场影响力、生活习惯及可获取性因素，选取美团网、携程旅行网、同程网、穷游网、马蜂窝旅游网等线上旅游平台的评价信息为样本，结合 ROST EA 软件深度发掘游客的情感特征，同时引入社会网络模型构建感知形象的结构关联，使游客对少林寺感知形象关系可视化。

(5) 利用内容分析法挖掘旅游地游客感知。以“云台山”为案例，基于同程网、马蜂窝旅游网相关评论，利用内容分析法挖掘游客感知评价，并利用复杂网络分析方法寻找游客感知评价关系。

第四节　研究技术路线

以下为本书研究技术路线（图 1-2）。

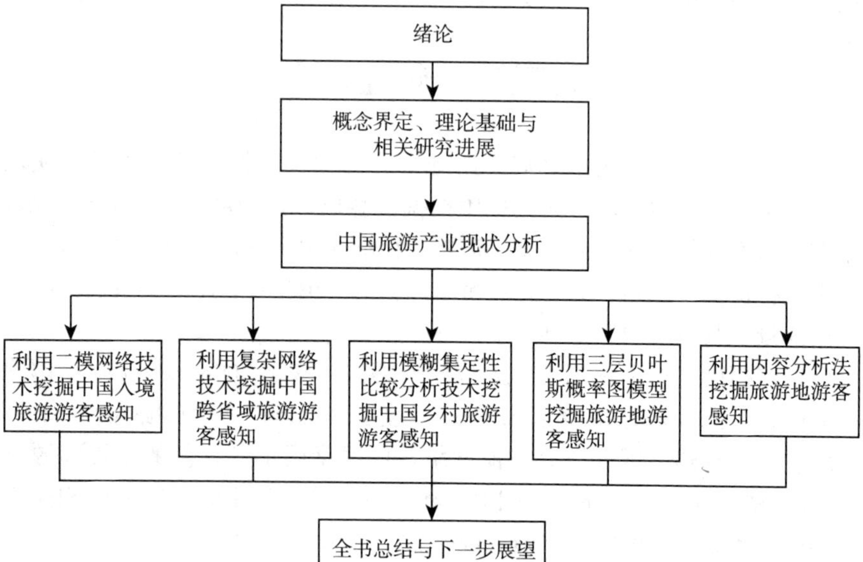

图 1-2　本书技术路线

第二章 概念界定、理论基础与相关研究进展

本章主要从概念界定、理论基础、相关研究进展三方面展开，首先，本书主要界定了旅游地、游客感知游客网络关注度三个基本概念，清晰的概念界定可以准确定义和理解研究对象，其次，本书主要运用了复杂网络理论和空间自相关理论，扎实的理论基础为本书研究提供了理论支撑。最后，本书对相关研究进行综述，希望可以帮助读者了解研究前沿。

第一节 概念界定

伴随互联网技术日新月异，越来越多的游客选择现在发表游记。本书主要利用大数据挖掘技术挖掘游客感知，必须清晰地界定三个基础概念，即旅游地、游客感知以及游客网络关注度。

一、旅游地

旅游地也被称为旅游的目的地，其定义早期是从地理位置的视角切入，即旅游地是开展旅游的客体、是一种特殊的目的地（冯玉新等，2023）。从地域性和功能性两个视角来看，旅游地是一定空间区域范围内的能够包含所有旅游资源和旅游设备的集聚地，它与相关旅游条件的专业设备进行有机结合后，游客有兴趣停留并展开旅游活动（保继刚等，2004）。从地域性和功能性两个视角来看，旅游地具有一定空间性，其基本的功能是为游客提供旅游活动和旅游资源的场所。场域理论认为，行动者的行动并非简单的互动关系，而是社会资本、经济资本与文化资本的分配状况的综合，这种综合决定了行动者的位置及其联系。其中，社会资本、经济资本、文化资本三种资本既相互联系又互相区别。因此，从场域理论出发，旅游地的最明显的特征是政治、经济、文化的相互交融的场所。在场域理论指导下，可以从广义和狭义两个视角定义旅游地，狭义的旅游地整合了行、购、游、娱、食、住六大基本旅游要素，并在一定范围内对游客衍生出强大的吸引力的地区；广义的旅游地是旅游活动所必需的地理空间。对比两个概念，广义上的旅游地比狭义上的旅游地的范围界定更广，

既包括旅游的普遍性，又包含了地区空间的广泛性（安德烈，2022）。也有学者从地域的功能性和地域的条件性两个角度发出，认为旅游地是一个系统的整体，它应该具备社会、经济、文化的多重功能性（刘健等，2023）。在这种理论指导下，旅游地不应该局限于提供活动范围，更应该与持有某种目的的人群发生互动，才具有存在的意义。因此，从人与地域互动角度来看，世界旅游组织提出，旅游地，也称为旅游目的地，是有一定目的的人群在一个能够提供交通、住宿和支持服务等基本旅游产品和旅游资源且具有明确的地理保护和行政界线的划分区域，这个区域存在众多利益相关者，不仅如此，不同目的地、不同人群都可以相互关联，共同形成一个整体系统（王晶，2021）。从定义可以看出，旅游地并不是单一的人或者地的划分，而是作为系统的人与地的不可分割的有机系统，该系统是构成旅游地的基本条件。也就是说，旅游地将人群和地域连接在一起，在本质上形成一个人的关系的结合。通过某种综合性作用，人群与地域的互动能够保持天然的、稳定的、持久性的联系，这种人地关系能够形成繁荣的旅游地（吴文智等，2023）。按照现代化发展视角来看，可持续发展是经济、社会和文化协同发展的关键因素，旅游地可持续发展就是人地关系的稳定发展。因此，旅游地能够提供汇聚了旅游业的所有的产品服务和基础设施，涵盖了景点、交通、便利设施、住宿、活动和辅助活动六大基本要素。从人的主体性功能来看，具有旅游目的的个人或群体被赋予了游客的身份，游客必须与旅游地形成一定的空间的或者时间的联系。特别地，世界旅游组织对游客与旅游地的空间的或者时间的联系进行了明确的规定，只有在旅游地停留至少 1 天的人或人群才符合游客身份。因此，从两者相互作用关系来看，既定旅游目的的人或人群与出发旅游地的人或人群可以形成利益相关者，利益相关者调动主观性来使用或享受人地关系，才在整体上构成了旅游地存在的意义及人类旅游活动的意义。因此，结合上述众多学者研究，本书界定旅游地定义，即具有一定旅游目的的人或人群出发到具有旅游资源和旅游服务的具有明显地域保护和行政界限划分的区域，停留 1 天及以上，并与当地利益相关者发生互动以达到特定目的的稳定的人地关系的过程。

二、游客感知

游客感知，最早起源于心理学研究，描述了一种人们的心理现象，即事物通过人类器官感知在大脑中的直接反应（钟皓凡等，2023）。在旅游研究领域，感知和游客的个体或群体结合在一起就延伸出游客感知。一般来说，游客感知共包含三个部分：游客感知价值、游客感知满意度和游客景观感知（童华鲲等，2023）。

第一，游客感知价值是从顾客感知价值演化而来。顾客感知价值在市场领域的一个核心概念，是指顾客从市场获取产品实体及其价值的过程中产生的体验感（陈中科，2022）。顾客感知价值是消费者对产品效用的总体评价，是顾客所接受到的产品实体及其价值的总体感知。将顾客价值感知引申至旅游管理领域，较之于顾客感知价值概念，游客感知价值与其既有联系又有区别。与一般性商品相比，旅游有其特殊性，它是一种非实物产品，这种非实物产品同样具有价值，也同样能够满足人们对产品价值的体验。为了更加清晰地界定旅游感知价值，必须考虑以下三方面：其一，游客感知价值表现出一种交换关系。游客付出成本，进行旅游活动并从旅游地获得想要的实物产品或情感体验，即游客需要一定的成本付出来帮助其价值实现。其二，游客感知价值是投入与产出的均衡。游客在旅游地投入的成本与得到的产出是相对应的，旅游价值感知的体验取决于成本投入的多少。一般来说，成本投入越高，越能够带来更高的产出效果。其三，游客感知价值是一种价值判断。价值感知是一种大脑对客观事物反应，旅游感知价值是利用大脑进行的价值判断，即对旅游产品和旅游服务进行价值判断，从而衡量是否能够满足自己的预期。从交换关系、投入与产出的均衡、价值判断三个维度，游客感知价值是一种主观价值感受，在游客与旅游地相互联系过程中，游客利用身体感官感知旅游环境和旅游对象，从而实现心理价值满足。这一过程是游客将旅游信息通过身体机能处理的内化过程。

第二，游客感知满意度。游客感知满意度是一种情绪上的价值反馈，这种价值反馈体现了两个方面的要素：一方面，可感知效果。进行旅游活动时，游客付出了大量的时间、金钱、精力等成本，以收获价值感知。另一方面，期望值。未进行旅游活动时，游客会对旅游地有期望，形成一定的心理预期。综合可感知效果和期望值，游客感知满意度既包含从旅游地的获得的价值感知，又包含对感知进行评价是否能够满足自己的预期。因此，游客感知满意度＝可感知效果－期望值（钟丽娟，2023）。鉴于此，在旅游过程中，人们对旅游产品、旅游服务、旅游活动等进行价值判断，并将其与个体预期进行对比，其差值的多与少就被称为情绪价值的多与少，游客的情绪价值越多，则其满意度就越高。游客感知满意度为游客感知相关分析提供了分析机理。

第三，游客景观感知。游客景观感知是从心理学、人本主义心理学、环境主义心理学等多种视角进行的旅游地评价的过程（钟丽娟，2023）。游客景观感知分为两种类型：第一种为客观主义范式，第二种为主观主义范式。从客观主义范式来看，旅游地具有得天独厚的、与众不同的旅游产品和旅游环境，这些旅游产品和旅游环境构成了评价游客景观感知的客体。从主观主义范式来看，人类是旅游地价值感知的主体，通过对旅游地景观的价值体验，游客有能力进行自主评价，其评价依据一般是自己已有的体验或社会属性。通过两者比较，游客可以解读出景观价值大小（程兴火，2006）。无论是从客观事物出发，还是从人类主体出发，游客景观感知都离不开两者相互作用。因此，只有将两者结合才能够更明确地界定出游客感知，其作用机理为：旅游地的客观存在的价值和游客的个体体验或社会属性进行价值比较和价值评价的过程。

综合所述，游客感知是游客参与旅游活动，搜索、购买、享受旅游地的产品和服务，获得价值满足，并将其与自己的原有的个体体验或社会属性进行价值比较，从而形成价值评价的全过程。在相关研究中，如果能够清晰地界定旅游主体，准确地衡量游客的旅游活动的价值体验，正确地感知自己的个体体验和社会属性，就能够完整地解释游客感知。伴随学者进一步研究，游客感知进一步细分为“心理范式”“专家范式”和“认知范式”。首先，“专家范式”，亦称“规范审美”，主要依靠专业训练的专家学者对旅游地价值进行主观评价。这种范式大多应用于某一个旅游地的标准的价值判断来对旅游地的级别进行区分，这对于游客更好地选择旅游地具有重要的价值意义。但是，由于这种范式过多依赖专家主观评价，也广受诟病。其次，“心理范式”，强调游客对旅游地的质量感知和评价的心理过程，强调旅游地作为一个独立存在的、不因人意志变化并具有价值的客观实体被人类进行直接感知的价值体验过程。最后，“认知范式”，体现了人类对旅游地感知阶段从最早的关注自然界生物体、生存环境逐步演化为对旅游地符号和旅游地价值进行评价。

三、游客网络关注度

关注度是一种注意力持续的程度，是人们对客观事物的加工反映出的保持的状态（杜茜等，2023），它包括人们在一定空间内对人物、事情发生的状态进行持续性思考并保持注意力的过程（琚胜利，2018）。伴随互联网的快速发展，关注度与互联网相互结合，形成了网络关注度。网民们使用互联网搜索引擎搜索某一关键词，该关键词就有了网络关注度。可以说，网络关注度复刻了在虚拟网络中的互联网网民的信息爱好和行为习惯的价值表现的过程，同时也能反映出某一事物受到关注的热度与重视程度（吴小妮等，2023）。

在旅游领域，互联网改变了人们对旅游地信息获取的方式，让人们通过互联网能够更加便捷、更加持久地关注旅游目的地。游客对旅游地的网络关注度分为现实游客网络关注度和潜在游客网络关注度（琚胜利等，2017）。其中，现实游客网络关注度是指已经在旅游目的地的游客通过微博、公众号、百度等互联网进行搜索与旅游地相关的信息，来获取更多的旅游价值和旅游体验；潜在游客网络关注度是指游客在非旅游地区对目的地旅游地区进行搜索并获取信息的过程（张传才等，2020）。

从理论上讲，网络关注度刻画了游客的注意力持续的程度。如何定量化地体现游客网络关注度，众多学者对网络关注度的衡量进行了深入分析，对旅游地游客网络关注度通过两个指数进行衡量，其主要指标涉及媒体关注指数和网民关注指数（王洪彪等，2021）。媒体关注指数是指词汇或信息被百度、谷歌、火狐等大数据持有者的搜索引擎收集的数量。网民关注指数是指网民利用微信、微博、公众号等途径分享自己旅游经历和介绍旅游地的数量。学者们进一步对旅游地游客网络关注度衡量进行简化，使用百度指数来衡量其关注程度。百度指数综合反映一定旅游关键词或者信息在一定时间内的曝光程度或热度，并能够以图画形式进行展现（马晓帆，2022）。

第二节　理论基础

理论基础提供了研究支撑。清晰准确地阐释理论基础可以帮助研究者更好地理解相关原理，从而进行深入的分析和解读。本节阐述了复杂网络理论和空间自相关理论，并列举其现实系统，希望帮助研究者更深层次地挖掘规律。

一、复杂网络理论

复杂网络理论是一种研究复杂系统中的相互连接的元素之间关系的理论，可以用来描述各种的现实系统，如社交网络、互联网络、交通网络、贸易网络等（袁地等，2022）。复杂网络理论主要研究内容包括复杂网络拓扑结构、复杂网络动力学行为以及复杂网络功能三方面。其中，复杂网络拓扑结构主要研究复杂网络的节点和边的连接方式和分布特征，如度分布、短路径长度、聚集系数等（庞磊等，2023）；复杂网络动力学行为主要研究复杂网络的节点的状态演化和复杂网络的动态行为演化，如复杂网络生成机制、复杂网络鲁棒性（郑建兵，2022）；复杂网络功能主要研究复杂网络功能与生产实际的结合，如容错性、社区结构等（BP et al.，2023）。总的来说，复杂网络理论提供了一种全视角来研究复杂系统中的各元素的相互作用（王语姻等，2023）。这种理论不仅可以揭示现实系统的复杂网络结构的基本特征和演化规律，而且能够帮助重构理解、预测复杂系统的各种现象，在社会科学领域有广泛的应用，为解决实际问题提供了新的思路和方法。

随着互联网、传感器技术、大数据快速发展，海量的、网络化的数据信息大量涌现。在现实管理过程中，仅仅拥有大量数据是不够的，还需要能够从中提取到有价值的信息资源。目前，大数据网络可视化是复杂网络理论的前沿应用。关联关系是大数据中最常见的关系，每个节点两两联系，共同构成了一个复杂网络系统，在这个复杂网络中，有的节点处于核心位置，有的节点处于边缘位置，还有的节点处于桥梁位置。不同位置的节点的功能和作用是不一样的，准确地把握各个节点的性质和功能能够更好地帮助人们进行科学决策。因此，当大数据技术与复杂网络相结合，一方面，大数据技术可以为复杂网络研究提供丰富的数据资源，帮助人们更好地理解和分析现实网络系统；另一方面，复杂网络理论可以提供洞察力，指导人们如何更加高效地提取大数据信息。因此，将大数据原理和复杂网络理论结合起来，可以更好地理解和应用数据，帮助人们形成更深入的洞察力和智能决策能力。

二、空间自相关理论

空间相关性指不同地理单元的同一变量观测值的函数关系（尹瑾雯，2022）。从性质上看，空间相关性分为空间正相关和空间负相关。空间正相关表示空间分布邻近的事物及其属性值具有相同的变化趋势，空间负相关则表示邻近区域的事物及其属性值具有相反的变化趋势。除正负相关性外，空间相关性还存在空间自相关。空间自相关是指一些变量在同一个分布区内的观测数据之间潜在的相互依赖性（朱衍锡，2022）。根据地理学第一定律，任何事物与别的事物之间都是相关的，但近处的事物比远处的事物相关性更强。在现实世界中，许多地理现象客观存在着地域分布的连续性，其决定了其空间分布的相关性。空间自相关还分为空间正向自相关和空间负向自相关。空间正向自相关是指相邻地区的随机变量的高值或低值出现了空间集聚倾向，空间负向自相关则是指某一地理区域的随机变量的取值倾向于被相异值包围。

空间相关性还可以分为全局空间自相关和局部空间自相关（熊昌盛等，2015）。全局空间自相关描述了广阔空间的分布特征，主要研究空间分布的一般规律性及其显著的空间差异的程度。全局空间自相关的空间分布数据的建立一般使用栅格技术，并利用栅格技术评价不同地理单元的空间关系（李立等，2023）。局部空间自相关描述了特定空间的分布规律，主要研究特定空间分布的格局变化及其尺度特征，一般以点作单位，也可以面作单位。局部空间自相关主要研究相邻的地理单元的空间关系，从而发现其惯性、结构网等空间分布规律（刘大力，2022）。总之，两者相比，全局自相关分析侧重于整体上的某一属性值的区域空间分布情况，只有当不存在显著的全局空间自相关性时，有些样本子集有可能存在显著的局部空间自相关性。在此基础上，局部空间自相关性分析还可以进一步研究其属性值是否存在局部空间集聚性，哪些地区对全局空间自相关性的贡献更大。局部空间自相关性可反映每个区域与周边地区之间同一属性值的相似性，用于验证局部区域存在的空间异质性，可弥补全局空间自相关性的缺陷。

第三节　相关研究进展

相关研究进展可以触摸研究前沿。本节阐述了复杂网络的经典模型、游客旅游行为网络化相关研究进展、旅游供应链网络化相关研究进展、旅游产业网络化相关研究进展以及河南省旅游产业相关研究进展，上述研究为本书提供了参考。

一、复杂网络的经典模型

复杂网络理论的起源可以追溯到20世纪五六十年代的图论和网络理论。1736年，数学家Euler在“哥尼斯堡七桥问题”的研究中开创了一个新的数学分支——图论与几何拓扑。20世纪60年代，匈牙利数学家Paul Erdös和Alfréd Rényi建立了随机图理论，图论才得到进一步发展（Erdös P et al.，1964）。此后，复杂网络理论得到了广泛的应用，逐步应用于互联网、航天、电力、医学、社会科学等领域。1967年，George Farkas提出了“互连理论”，研究通信系统中的节点之间的互联方式和信息传输的特点，并开始注意到网络结构对于信息传播的重要影响，这为后来复杂网络理论的发展奠定了基础。受“六度分离”试验启发，美国康奈尔大学Strogatz和Watts正式启动了复杂网络研究，正式提出了小世界网络模型，揭示了节点之间存在短距离连接和长距离连接的混合结构（Watts D J et al.，1998）。次年。美国圣母大学Barabási教授及其博士生Albert正式提出了复杂网络无标度特性，即点的度数符合无标度分布（Albert - L B et al.，1999）。从20世纪90年代开始，社交网络、互联网的迅速发展引起了复杂网络的研究。人们意识到许多真实世界网络系统不再具有简单、规则的结构，而呈现出复杂的、连接模式和全局特性。伴随着时间的推移，越来越多的研究者开始关注复杂网络的拓扑结构、动力学行为和功能特性。复杂网络理论不断发展，并应用于各个领域，如社会科学、生物学、计算机科学和物理学等。总的来说，复杂网络理论的起源准确地说是一个渐进的过程，从人们对真实网络的观察和研究开始，其后续的发展推动了对于复杂系统的深刻理解及对于复杂网络分析方法的不断演进。目前，复杂网络有规则网络、随机网络、小世界网络、无标度网络四种经典结构。

第一，规则网络。规则网络是学术领域最早研究的一种网络。在一个规则网络中，任何两个节点之间的连接都是按照一定的规律进行的，且各个节点连接的邻居节点的数量具有趋同性（郭飞等，2022）。总的来说，规则网络包括全局耦合网络、最近邻耦合网络、星形耦合网络三种类型。首先，全局耦合网络。全局耦合网络的每个节点对之间都存在连边，在节点数目确定的情况下，最近邻耦合网络存在的边的数量是最多的。假设全局耦合网络存在 N 个节点，那么一共存在 N（N－1）/2 条连边。不仅如此，每个节点的度值均相等，其值为 N－1，最大聚类系数和最小平均路径长度的值均为 1，如图 2－1a 所示。其次，最近邻耦合网络。最近邻耦合网络的每个节点都与其左右各 $K/2$ 个邻居节点相连（K 值为偶数），假设 K 值为 4，最近邻耦合网络的连边数量与 K 值有关。在特殊情况下，最近邻耦合网络会演变成全局耦合网络。因此，节点间的位置关系和 K 值是最近邻耦合网络拓扑结构的重要因素，如图 2－1b 所示。最后，星形耦合网络。星形耦合网络具有一个中心节点，其他节点仅与中心节点相连。若星形耦合网络中存在 N 个节点，中心点的度值为 N－1，剩余节点的度值均为 1。由于中心节点的邻居节点之间不存在连边，中心节点的聚类系数为 0，如图 2－1c 所示。

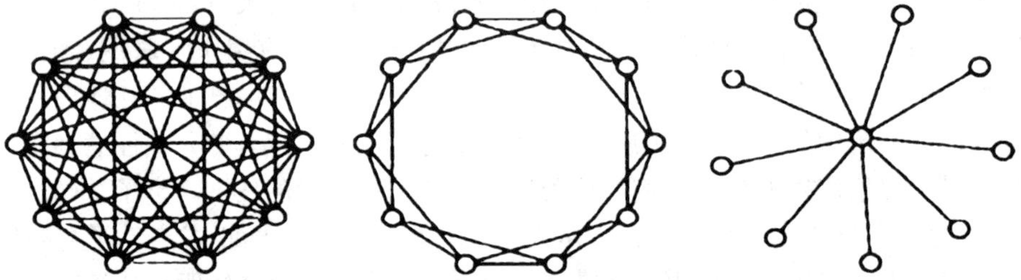

a. 全局耦合网络　　b. 最近邻耦合网络　　c. 星形耦合网络

图 2－1　规则网络示意图

第二，随机网络。随机网络的节点与节点之间的连接概率完全是随机的，即一个随机网络由 N 个节点以 P 概率互相连接而形成（刘铖等，2022）。图 2－2 清晰地展示了随机网络的形成过程，假设一个随机网络节点总数为 N，连线的概率为 P，不同概率 P 值下的随机网络的结构是不一样的，最终其连边最多有 N（N－1）/2 条。

第三，小世界网络。随机网络和规则网络的节点连接密度是一个固定的值，边也是在一定概率条件下存在的。然而，在现实情况中，真实世界的复杂网络并不容易出现，更多存在一种小世界网络。小世界网络模型以最邻近耦合网络为基础，在给定概率 p 情况下，边以概率 p 相连且不能存在重复边。当 p＝0时，复杂网络变为最邻近耦合网络；在 0＜p＜1 时，复杂网络演变为 WS 小世界网络；当 p＝1 时，复杂网络演变为随机网络（马利华等，2022）。伴随连接概率 p 值增大，复杂网络形态会随机变化，如图 2－3 所示。

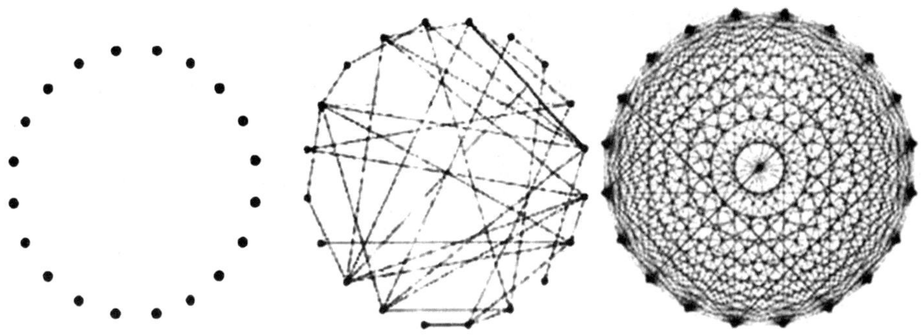

a. p=0　　b. p=0.2　　c. p=1

图 2－2　随机网络模型（N=20）

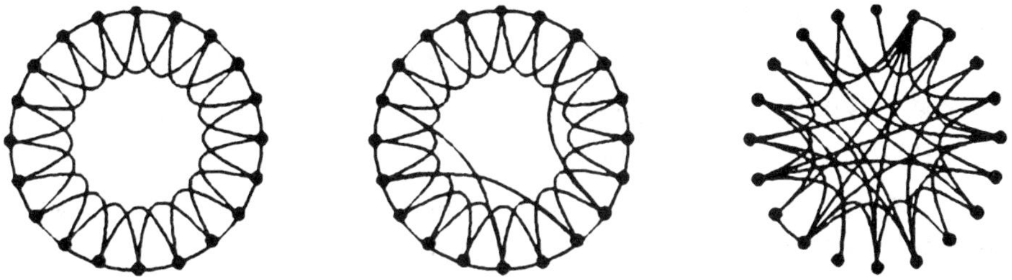

a. 最邻近耦合规则网格（p=0）　　b. WS小世界网格（$0<p<1$）　　c. 随机网格（p=1）

图 2－3　小世界网络模型

无标度网络。无标度网络是随机网络与小世界网络的更深层次的拓展。与随机网络与小世界网络相比，无标度网络更具有现实网络的特性，即增长特性和优先连接特性（袁怀利，2022）。增长特性可以理解为网络内部的节点数量随着时间的推移而变多（张华，2017）。优先连接特性，即网络中新加入的节点会更主动地与网络中原有的关键节点（一般为度值较大的节点）产生连边，这种连接方式被称为“马太效应”（郭燕霞等，2022）。无标度网络的最典型的模型是 BA 无标度网络模型（Barabási AL et al.，1999）。BA 无标度网络的原始状态下存在 m_0 个节点，每隔一段时间，向其中添加一个新的节点，这些新添加的节点根据优先连接的规则，即主动与网络中度值较大的节点相连，如图 2－4 所示。

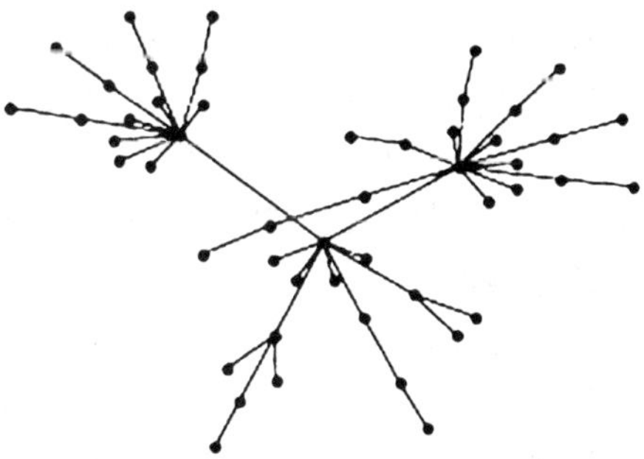

图 2－4　BA 无标度网络模型

二、游客旅游行为网络化相关研究进展

游客感知会影响游客目的地选择。中国的广袤的地理空间和丰富的旅游资源为游客提供了不同的选择，形成了差异化偏好。相关统计显示，亚洲、大洋洲等游客更偏好云南、贵州、四川等地的新兴旅游城市，北美洲、欧洲等游客更偏好北京、上海、广东等地的经典旅游城市（马金莲等，2022）。从全域上看，游客自由流动使得客源国和目的地之间、目的地和目的地之间有机地关联起来，最终形成了复杂网络结构。研究旅游目的地空间网络结构是旅游目的地网络化发展的必然趋势，也是认识旅游地网络空间结构与组织特征的重要研究手段，很多学者也证实了区域旅游线路呈现出的空间几何特征及其地理拓扑关系可以利用复杂网络技术进行分析。因此，复杂网络理论与旅游管理相结合是一个广泛而丰富的话题。

首先，旅游行为。Eusébio 等（2019）研究了目的地网络的相关文献，包括目的地服务供应链和游客之间的相互联系。通过复杂网络分析，揭示了旅游服务供应链中游客、供应商、旅行社和其他组织之间的关系。研究者 Li 等（2018）构建了一个游客行为网络，通过分析网络的拓扑结构和社区发现等技术，揭示了游客之间的行为联系以及旅游服务供应链中的关键角色。Baggio 等（2010）等学者对旅游研究中的复杂网络应用进行了综合回顾，重点介绍了复杂网络理论的基本概念以及其在旅游目的地网络、游客移动网络以及旅游市场网络等方面的应用。Lee 等（2016）利用复杂网络理论分析了航空旅客选择中转机场的行为，研究者构建了一个旅客选择网络，并研究了不同因素对旅客选择行为的影响。Gao 等（2009）研究了自行车共享计划中游客的出行选择，利用复杂网络理论分析了网络结构对游客决策的影响。Li 等（2018）利用复杂网络理论对游客的目的地选择行为进行了实证分析。Song 等（2008）利用复杂网络理论抽象出了旅游企业之间的合作关系、旅游目的地之间的联系以及游客的流动情况，对一个地区旅游系统进行了分析。汤黎明等（2014）等学者利用复杂网络分析方法设计了福建省旅游线路选线模式，拓展了对福建省区域旅游线路的空间特征的认识，得出了福建省的旅游发展处于旅游地生命周期中的开发与发展的过渡状态。谷宝华等（2019）学者利用复杂网络评估了辽宁省旅游路线网络特征，并进行了各城市仿真模拟测试，最终挖掘出各旅游城市的中心位置及在区域旅游网络中的影响关系。高苹等（2018）以河北省野三坡旅游地为例，构建了旅游联系强度模型，建立了旅游目的地空间网络，揭示了旅游地网络空间结构与组织的复杂性特征。周慧玲等（2019）利用百度指数，揭示中国城市旅游信息流空间网络结构特征，得出中国城市旅游信息流空间网络

主要是由我国东南半壁有关城市编织，连接上具有空间跳跃性、多中心极核、层级明显、结构相对稳定的复杂网络。庞闻等（2011）构建了旅游流复杂网络模型，深入系统地分析入境旅游流在空间结构、等级结构、拓扑结构上的特征及演化规律，探讨了基于网络结构约束下的目的地角色功能定位以及形成当前网络结构的动因。张毅等（2013）以黄山为例，发现黄山旅游网络具有小世界特征，其度分布符合幂律分布且幂指数位于1与2之间，其节点倾向于链接不同类型的节点，并且节点之间的距离和度值对节点互联的影响较弱。李磊等（2020）利用复杂网络分析方法，对合福高铁沿线旅游地网络结构和互动关系进行研究，结果表明合福高铁沿线各个旅游地已经形成了“一超多强”“双核互动”和“单节点”三种合作关系，但是这种合作关系受行政边界屏蔽影响比较明显。姜鉴铎等（2019）利用手机信号监测获取了南京市重点旅游地组合线路数据，利用加权方法构建起南京市旅游流网络，并对其网络结构特征进行分析。刘红兰等（2023）对贵州省避暑旅游现象进行跟踪调查，获取2015—2019年有效避暑旅游流线路数据2 177条，并运用复杂网络、GIS空间分析、QAP回归分析等方法，对避暑旅游流网络结构特征及其影响因素进行研究。王琪延等（2022）基于复杂网络理论和动态面板和分位数模型，研究了全球213个国家或地区的旅游网络格局及其影响因素。结果显示，全球旅游网络密度不断升高，但分布不均匀，呈现出小世界、无标度等特征。丁彦竹等（2021）在复杂网络等相关理论基础上，以我国省级全域旅游示范区为例，通过Python获取实际游线数据，分析两种视角下游线网络结构特点以及两者间的结构差异（黄勇等，2018）。方茹茹等（2020）基于历年邮轮航线与港口——节点，采用复杂网络方法探究21世纪全球邮轮航线与港口节点体系演化（李倩铭，2014）。陈立云（2018）将复杂网络分析方法和GIS技术结合，探讨杭州市旅游线路的网络结构特征，从网络节点区位、节点间的距离、节点的类型、等级、好评度等方面分析了旅游线路网络的影响因素。李程（2015）将含有旅游信息的微博短文本数据聚类，把含有不同中心思想的短文本语句按照彼此之间的海明距离划分成不同的簇，继而将含有旅游信息网络按照社团结构进行划分，最后将发表某些中心思想相同言论的用户划分到不同的社团中心。随后将算法进行并行化处理，预测旅游活动的趋势与动向。章杰宽（2014）通过对度分布特征的分析，发现旅游研究网络的度值服从幂律分布，说明该网络具有无标度特性，接着通过对网络聚类系数和平均路径的考察，判定该网络同时具有明显的小世界特性，证明国内旅游科研合作网络与其他自然社会网络一样，也是一个典型的复杂网络。唐宇凌（2012）结合2005年的中国入境游客流向抽样数据和各地区接待游客人数数据，对该网络的拓扑特性，主要统计属性——聚类系数，最短路径长度、点的项目度分布，边权分布，核心边缘——结构、结构洞等进行了详细深入的统计分析。

三、旅游供应链网络化相关研究进展

旅游供应链体系是由旅游服务提供商和旅游服务集成商组成的有机结合体，为游客提供交通、住宿、餐饮、景点以及各种配套设施。

首先，旅游交通。城市交通飞速发展为旅游服务供应链体系建设提供了更多的机遇。很多学者关注到旅游交通的重要性，纷纷利用复杂网络理论解析中国旅游交通结构。李安林等（2021）以我国32个主要铁路交通枢纽城市为研究对象，构建了交通枢纽城市与港口的物流联系，并对其连通性进行评估，从而建立起可持续的海铁联运物流网络框架。党亚茹等（2012）构建了1998—2010年中国城市通航网络，运用了平均路径长度、簇系数和度分布等指标剖析其空间结构特征，发现了城市通航网络具有小世界特性和无标度特性。在交通网络基础上，越来越多的学者拓展至旅游服务供应链网络。毛润彩等（2022）选取节点度、平均最短距离、聚类系数、有效性及介数等指标，对云南省旅游交通网络拓扑结构进行定量评估，并利用随机攻击与蓄意攻击分别对云南省旅游交通网络进行鲁棒性测试，评估云南省旅游交通网络的拓扑结构与实际性能。梁斐雯（2014）运用复杂网络理论剖析区域旅游交通网络布局结构特征，分别选取平均度、聚类系数、有效性等指标进行网络布局结构分析，从节点度与数值两个方面对区域旅游交通网络进行恶意攻击，并以云南省为例剖析过饱和旅游流攻击下的区域旅游交通网络鲁棒性与抗毁性。李国栋等（2022）以我国186个旅游城市的联通情况为基础，构建旅游城市航线网络，通过复杂网络分析法对旅游城市的网络密度、中心度和聚类指数进行计算，深入系统地分析旅游城市的空间结构和航线网络拓扑结构特征。

其次，旅游服务供应链网络。范旭等（2006）重新诠释了旅游服务供应链网络，并利用复杂网络分形理论挖掘出其具备小世界、无标度等复杂网络一般特征，为后续研究奠定了理论基础。舒波（2010）构建了旅游服务供应链网络，并建立了其复杂网络统计性质评价模型，最终发现了旅游服务供应链网络的节点择优连接特征。刘小峰（2021）采用多主体建模方法设计了广义的旅游服务供应链网络，实际模拟了在不同干扰下的供应链网络结构变化过程，验证了其无标度、小世界等特性的稳定性和可靠性，证实了旅游供应链网络具备稳定的鲁棒性（朱宣怡，2020）。舒波（2011）提出了旅游服务供应链研究的基本框架，对旅游服务供应链内涵、供应链网络结构、供应链管理和供应链评价等重要内容进行了综述，提出了旅游服务供应链的网络结构研究有待进一步加强宏观角度的评价研究。Wang 等（2014）利用复杂网络分析方法评估一个旅游目的地的韧性。研究人员构建了一个代表目的地服务供应链的复杂网络，并通过分析网络的韧性指标，揭示了不同组织和资源在供应链中的重要性和关系。

最后，旅游供应链创新。黄伟钊（2021）聚焦旅游企业以复杂网络的理论和方法解析旅游产业创新如何系统产生转移和扩散。把旅游产业创新产生的内在因素和外部环境视为一个复杂网络，审视分析旅游产业创新复杂网络的微观世界之结构和宏观演化之特征。刘敏（2017）计算出 140 个产业部门之间的直接消耗系数，以各产业为节点，直接消耗系数为边权，构建了一个产业关联网络，从复杂网络的角度对旅游业在产业部门中的关联性进行了进一步研究。同时，利用复杂网络中的中心性分析了旅游业在产业关联网络中的重要性。Rodríguez－Molina 等（2017）使用复杂网络分析模型，研究了信息对旅游服务供应链中权力结构的影响，通过建立了一个代表供应链的复杂网络，并分析节点的中心性和社区结构，研究者揭示了信息在供应链中的传播和权力分配。Guo 等（2018）建立了一个时变网络模型，研究者揭示了供应链中的节点演化、关系变化以及供应链稳定性等关键问题。

以上文献提供了关于使用复杂网络研究旅游服务供应链的一些重要观点和方法。它们涵盖了供应链中不同组织和角色之间的关系、游客行为模式以及信息传播对供应链的影响。

四、旅游产业网络化相关研究进展

旅游产业的不断完善也逐渐呈现复杂网络结构。左冰等（2020）利用 1989—2018 年广西壮族自治区桂林市阳朔县的旅游企业相关数据，构建了阳朔县旅游产业网络，并对其拓扑结构特征及其变动趋势进行分析，这对于创新旅游业发展模式、促进经济增长有指导意义。刘建平等（2009）构建了上海市旅游产业集群网络，并分析了其复杂结构特征和内在运行机理，这对于处理上海世博会旅游产业集群网络危机有一定指导意义。王超（2021）基于复杂网络理论，构建具有反择优退出机制的旅游产业集群动态演化模型，使用 matlab 软件对旅游产业集群的动态演化过程进行数值仿真分析。徐少甫等（2017）从复杂网络数据挖掘角度出发，分析了智慧旅游的概念及其技术指标以及复杂网络数据挖掘，并研究了其在智慧旅游系统中的应用。章杰宽（2014）基于复杂系统关于西藏自治区旅游可持续发展为研究对象，分析了西藏自治区旅游可持续发展系统的内部结构、功能及其运行机理。在此基础上，研究者进一步讨论了区域旅游可持续发展研究中复杂网络研究范式的适用性，并就复杂网络范式在西藏自治区旅游可持续发展研究中的相关应用给出研究结果。李雯（2013）在理论分析的基础之上，运用复杂网络的方法对环渤海经济区滨海旅游业复杂网络演化问题进行分析，建立复杂网络模型，并计算网络统计参数，进行网络演化仿真模拟。毛润彩等（2022）以云南省丽江市主城区为案例，运用复杂网络理论构建公交网络拓扑模型，利用多种空间数据分析手段探究其公共交通网络中心性和旅游休闲业态格局各自的空间分布规律及二者的耦合特征。王立君（2018）以江苏省苏州市吴江区震泽小镇为研究对象，构建旅游小镇“旅游 IP 提取”模型。利用软件对震泽小镇的网络文本进行量化处理，提取了 10 种旅游 IP 以及相关文化资源点，构建资源拓扑结构数据库，经过二次数据处理得出文化矩阵和资源点连接矩阵，运用复杂网络分析软件 PAJEK 分别对震泽小镇文化临街矩阵和资源点邻接矩阵的度分布、中心势紧密度以及联通子集等方面进行分析。姜洪强（2023）以东北地区为研究区域，使用网络数据和统计数据相结合的方法，综合运用探索性空间分析、网络分析、机器学习和自然语言处理等方法，分别从客源地、目的地和流通通道三个空间视角出发，对 2000—2022 年东北地区旅游流的格局、过程、机制与路径进行了系统深入的研究与分析。叶茂（2021）以 2005—2019 年湘西地区交通网络与旅游经济空间的演化过程及演化规律为研究对象在可达性分析、交通网络拓扑分析的基础上，揭示两者相互协同演化的阶段性过程、特征及规律，并构建交通网络与旅游经济空间脉冲响应模型和 GWR 模型对两者的时空作用机理进行了动态识别。庞闻（2012）基于结构关系视角，通过构建旅游流复杂网络模型深入系统地分析入境旅游流在空间结构、等级结构、拓扑结构上的特征及演化规律，探讨了基于网络结构约束下的目的地角色功能定位以及形成当前网络结构的动因。使用复杂网络研究旅游产业发展是一个新兴领域。

以下是一些相关英文文献的主要观点和发现：Baggio 等（2016）回顾了旅游网络研究的发展，讨论了复杂网络在旅游产业中的应用，包括旅游目的地网络、供应链网络以及游客行为网络等。Gao 等（2019）使用复杂网络分析方法，研究了国际旅游复杂网络的结构演化和拓扑属性，分析了国际旅游目的地之间的联系，并揭示了网络的小世界特性、度分布和社区结构。Zhang 等（2020）使用复杂网络方法探索全球旅游网络的结构和动态。研究人员构建了一个全球旅游网络，并分析了节点的中心性、网络的小世界属性以及网络的动态演化。他们还研究了旅游目的地之间的合作和竞争关系。Song 等（2016）构建了一个代表旅游交通关系的网络，并分析了网络的中心性、度分布和社区结构。研究发现，交通网络的结构对旅游产业的发展具有重要影响。Pucci 等（2020）构建了一个代表旅游地区内部关系的网络，并研究了网络的演化过程、节点的重要性以及网络的稳定性。研究发现，不同发展阶段的旅游目的地具有不同的网络结构特征。Gursoy 等（2013）从社会结构的视角，利用复杂网络方法分析了游客信息搜索行为的原因和结果。研究者构建了一个代表游客之间信息流动的复杂网络，并研究了网络的结构特征与信息搜索行为之间的关系。Jin 等（2017）利用复杂网络分析方法，研究了旅游目的地网站上在线评论的演化过程。研究人员构建了一个代表评论者、评论和目的地之间关系的复杂网络，并通过分析网络的演化特征，揭示了在线评论的发展趋势和影响因素。Liu 等（2014）利用复杂网络理论分析旅游目的地的竞争力。研究者构建了一个代表目的地之间关系的网络，并通过分析网络的中心性和度分布等指标，衡量了目的地的竞争力和地位。

以上文献提供了关于使用复杂网络研究旅游产业发展的一些重要观点和方法。它们涵盖了旅游地区的生命周期、游客信息搜索行为、在线评论的演化以及旅游目的地竞争力等方面。以上文献对使用复杂网络研究旅游产业发展的关键观点和方法进行了综述。它们涵盖了旅游网络的结构和拓扑属性、节点的重要性以及网络的演化和动态变化。

五、河南省旅游相关研究进展

旅游是小康社会人民美好生活的刚性需求，在中国经济由高速发展迈入高质量发展的新阶段，旅游业的高质量转型对响应国家号召、提升产业竞争力具有重要意义。丰富的文化旅游资源、多样的文化旅游产品、鲜明的文化旅游品牌是河南省旅游产业的优势所在。随着全域旅游与乡村振兴战略的推进，文旅融合成为新时代实现乡村振兴和城乡高质量发展的重要抓手，深化文旅产业融合发展以满足人民日益增长的物质文化需要向河南省旅游产业发展提出了新的要求。对以往河南省旅游研究文献进行系统梳理和分析，对反映河南省旅游研究动态和未来发展趋势、促进河南省旅游高质量发展具有重要参考意义。

当前学界关于旅游研究的综述文献多集中于国家层面，关注乡村旅游（郭华等，2020）、文化旅游（黄月玲等，2021）、红色旅游（刘梓汐等，2020）、旅游目的地形象等领域（张高军等，2016），探讨国内外旅游研究相关主题的发展脉络、研究热点、测度方法及影响因素等，涉及河南省域旅游的综述性研究却较少。笔者于 2023 年 1 月 1 日对 CNKI 收录文献以“河南旅游”“河南省旅游”为主题进行检索，得到的综述类文献仅有 3 篇且发表时间均在 2005 年之前。可见，在中部地区高质量发展时代背景下，聚焦河南省旅游的综述类研究文献尚有欠缺。梳理河南省旅游的相关研究文献并依据结论提出较有针对性的对策建议，对推动河南省旅游业高效发展具有重要的理论和实践意义。基于此，本书综合运用 Cite Space 和 VOS viewer 可视化软件（Chen C，2006），用科学文献计量的方法追溯河南省旅游研究的主题脉络与发展进程，以期为“十四五”时期河南省旅游高质量发展及建设文化旅游强省提供有益参考。

（一）发文量分析

河南省旅游研究核心期刊文献发文量的总体变化趋势如图 2-5 所示。根据文献发文量的总体变化趋势，可以将河南省旅游研究大致划分为 3 个阶段。第一阶段为河南省旅游研究缓慢发展期，时间跨度为 1993—2003 年。此阶段文献发文总量为 35 篇，数量不多但具有不可或缺的重要意义。第二阶段为河南省旅游研究高速发展期，时间跨度为 2004—2011 年。在此阶段，政府文件明确指出，旅游业成为经济支柱型产业和人民幸福生活的现代服务业，对乡村旅游产业发展作出全局和系统性政策指导。在政策指引下，该阶段文献数量增幅明显加速，发文总量为 225 篇并在 2011 年文献数量达到峰值。第三阶段为河南省旅游研究波动滑落并趋于平稳发展期，时间跨度为 2012—2022 年。在此阶段文献发文总量为 194 篇并于 2018 年文献数量开始趋于稳定状态。出现此现象可能的原因是相较于文献数量增加，研究者开始更加关注旅游业的提质增效，同时新冠疫情对旅游行业带来的冲击也使得旅游相关研究维持在较低水平。

图 2-5　1993—2021 年河南省旅游研究核心期刊文献数量年度趋势

（二）文献作者分析

河南省旅游研究得到了不少学者的关注。其中，发文量 4 篇及以上的作者有 12 位，发表核心期刊文章共计 57 篇，占比 12.81%。梁留科、安传艳发文最多，文章数量皆为 7 篇，各占比 1.57%（表 2-1）。

表 2-1　1993—2022 年河南省旅游研究发文量前 12 位作者及其发文量

作者	发文数（篇）	作者	发文数（篇）
梁留科	7	吕连琴	4
安传艳	7	李景初	4
史本林	5	李鹏	4
曹新向	5	杨迅周	4
沈振剑	5	王庆生	4
万三敏	4	王淑华	4

运用 VOS viewer 软件“作者共现分析”功能绘制出主要作者及合作网络（图 2-6），以识别出该领域的主要作者及合作网络。如图 2-6 所示，1993—2022 年河南省旅游研究主要作者及合作网络整体较为分散，说明作者之间有合作关系但并不紧密，大致上形成了以梁留科、王伟、安传艳、孙根年等学者为中心的研究者群体。

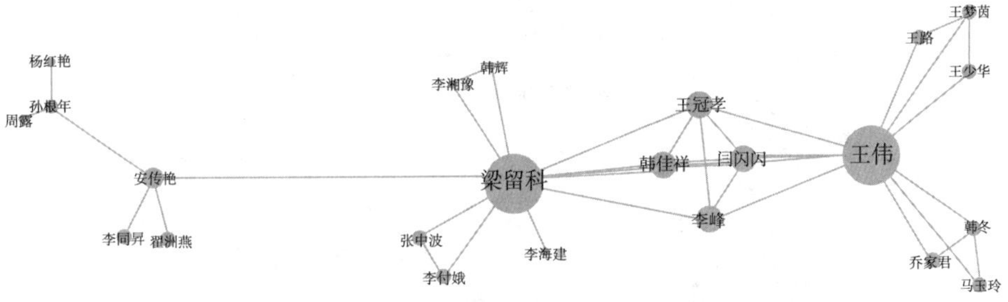

图 2-6　1993—2022 年河南省旅游研究主要作者及合作网络

（三）发文机构分析

将河南省旅游研究发文排名前 6 位的机构及其发文篇数列示于表 2-2。可见，资源环境类、旅游管理类院校是河南省旅游研究的主要发文机构。其中，河南大学环境与规划学院发文 19 篇，排在首位；郑州旅游职业学院次之，发文 14 篇。同时，Cite Space 软件“机构共现分析”功能的可视化分析结果显示，319 个节点间连线为 85 条，网络密度为 0.001 7，说明各研究机构间仍缺乏紧密合作。

表 2-2　1993—2022 年河南省旅游研究发文量前 6 位的机构及其发文情况

研究机构	发文数（篇）	研究机构	发文数（篇）
河南大学环境与规划学院	19	郑州大学西亚斯国际学院	8
郑州旅游职业学院	14	郑州大学旅游管理学院	8
河南省科学院地理研究所	9	南阳师范学院环境科学与旅游学院	8

（四）关键词分析

1. 基础研究领域分析

使用 VOS viewer 软件对 1993—2022 年河南省旅游研究文献关键词进行科学图谱可视化分析（图 2-7），节点圆圈越大，则表示关键词词频越高，说明学者更加关注对该领域的研究。高频关键词可以较为直观地显示河南省旅游研究领域各阶段相关学者的共同研究方向。

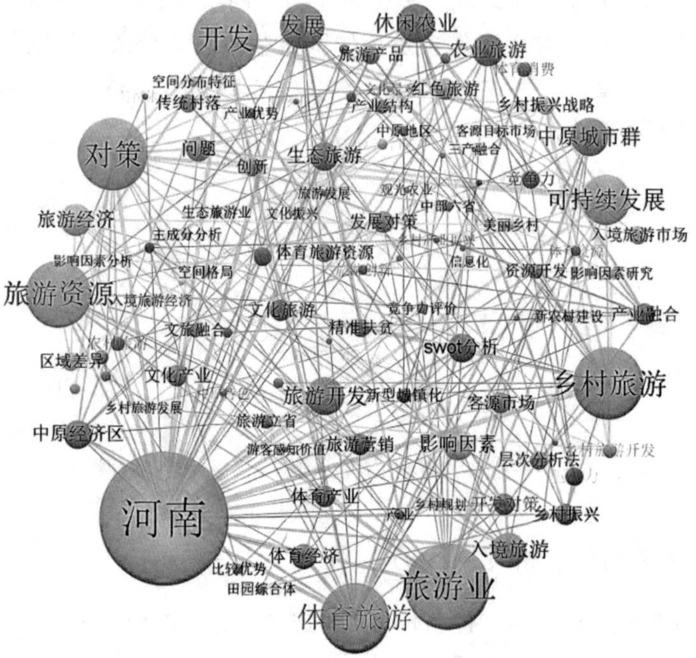

图 2-7　1993—2022 年河南省旅游研究关键词共现视图图谱

将河南省旅游研究发文中排名前 14 位的关键词及其频次列示于表 2-3。其中，“河南”一词出现频次最高，为 245 次，其次是“旅游业”39 次、“乡村旅游”22 次、“对策”22 次。其余词频较高的关键词还有“体育旅游”“开发”“旅游资源”“可持续发展”“旅游产业”“发展”“休闲农业”“入境旅游”“农业旅游”“旅游开发”等。可以大致看出，由基础关键词构成的旅游资源开发、旅游产业发展及结合时代背景的乡村旅游、休闲农业等领域是河南省旅游研究的主要方向。

表 2－3　1993—2022 年河南省旅游研究排名前 14 位的关键词频次

关键词	频次（次）	关键词	频次（次）
河南	245	可持续发展	19
旅游业	39	旅游产业	18
乡村旅游	22	发展	12
对策	22	休闲农业	10
体育旅游	21	入境旅游	9
开发	20	农业旅游	8
旅游资源	19	旅游开发	8

借助 Cite Space 软件绘制河南省旅游研究突现词图以反映该领域的研究前沿及演化趋势（图 2－8）。关键词“乡村旅游”突现的起止时间为 2017 年和 2020

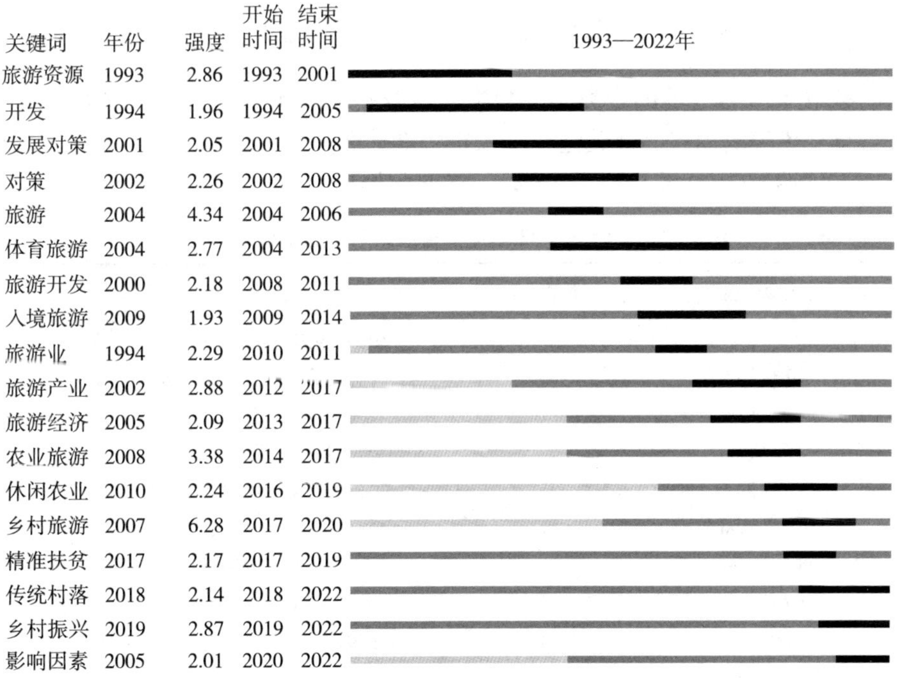

图 2－8　1993—2022 年河南省旅游研究突现词

年，突现度高达6.28，呈现“井喷式”发展态势。关键词“旅游”“农业旅游”“旅游产业”的突现度相对较高，而其他关键词突现度维持在1.9～3的值域。结合高频关键词分析，突现词图呈现结果与同期河南旅游发展的现实趋势大体一致。

将联系较为紧密的关键词聚类得到河南省旅游研究领域关键词聚类图谱（图2-9）。数据显示，模块值（Q值）和平均轮廓值（S值）两个指标值分别为0.877 8和0.978 0，说明聚类结构显著且结果令人信服。

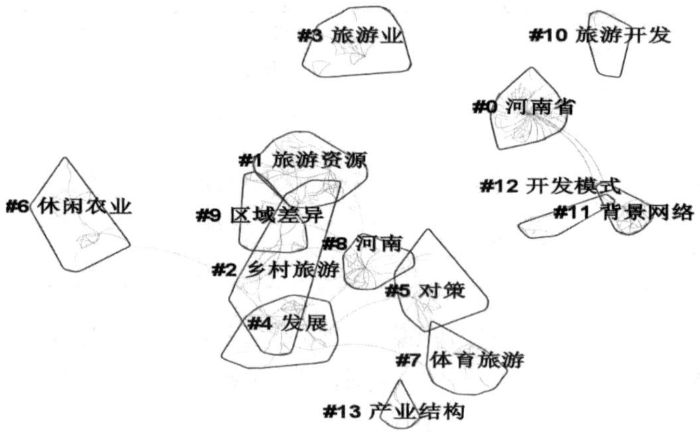

图2-9　1993—2022年河南省旅游研究关键词聚类图谱

截取♯10号之前的聚类相关数据，以及每一聚类的前3个代表性最强的关键词作为聚类内代表性关键词，以定位30年来河南省旅游研究领域核心研究圈（陈瑞霞等，2021）（表2-4），进而归纳出3个热点研究主题。

表2-4　1993—2022年河南省旅游研究关键词聚类汇总

聚类类型	文献量（篇）	聚类内代表性关键词
♯0河南省	69	旅游竞争力、体育旅游、旅游资源
♯1旅游资源	39	文旅融合、文化旅游、客源市场
♯2乡村旅游	37	发展模式、优化、县域经济
♯3旅游业	36	持续发展、旅游者、持续发展战略
♯4发展	35	旅游产业、文化产业、战略
♯5对策	27	开发、现状、林业
♯6休闲农业	26	市场信息、旅游立法、信息化
♯7体育旅游	21	贫困城镇、市场现状、可行性
♯8河南	21	发展战略、城市旅游、总体规划
♯9区域差异	16	空间分异、旅游效率、效率评价
♯10旅游开发	14	乡土建筑、区域经济、优化组合

一是旅游资源开发研究。学者主要通过对河南省旅游资源优势与开发现状的分析，提出旅游资源开发总体发展战略及实施建议。得天独厚的自然景观和人文景观是河南省旅游发展的宝贵资源，充分开发旅游资源能够有效带动当地经济的全面发展。河南省具有丰富的体育旅游资源、红色旅游资源、乡村旅游资源、文化旅游资源等资源，通过对不同区域内旅游资源开发模式的探讨，总体规划和准确定位，精心打造戏曲之乡、武术之乡（岳贤锋，2008），拓展佛教文化旅游（李湘豫等，2011）、茶文化旅游等。同时，近年，相关学者结合文旅融合、乡村振兴、精准扶贫等时代背景描述研究现状，探讨由于旅游规模扩大而逐渐显现的开发管理问题，研究视角和内容更加丰富，乡村旅游（张文瑞，2018）、生态旅游（李喜梅，2017）、入境旅游（秦继伟，2019）等具有区域特征性资源的研究持续受到关注。

二是旅游产业发展研究。聚焦旅游产业发展是河南省经济社会发展的迫切需求，相关学者对旅游产业现状、发展路径、产业结构变化等持续进行研究。早期旅游产业现状、特征评价研究多以定性研究为主，认为与资源、环境有机结合，走可持续发展之路是旅游产业发展的必要之举（王淑华，2002）。相关学者提出实现文化产业与旅游产业的融合是文化旅游产业发展、创新的重要举措，“寻根祭祖、修学旅游”等文旅融合的特色形象更加鲜明（杨艳华，2012）。乡村旅游产业应与具有当地特色优势的观光休闲农业有机结合，同时完善基础设施建设，强化人才队伍建设，促使河南省旅游产业融合发展得到进一步推进（李湘豫等，2011）。近年，随着旅游经济转型升级、旅游产业高质量发展，旅游产业的效率测度（宋瑞等，2022）与特征评价（贾爱顺，2018）研究在方法上更加丰富，演化模式上更加多样，开拓出旅游业与农业（叶晨曦，2017）、体育产业共进的特色化、产业化发展道路。

三是旅游区域差异研究。由于自然旅游资源、人文旅游资源的空间分布并不均衡，河南省旅游资源区域差异性显著（许邵立，2010）。旅游区域差异影响因素、效率评价及对策建议等探讨成为学者关注的重点。早期学者通过对省内不同城市旅游竞争力评价研究，提出优化资源配置、促进旅游可持续发展的建议（周岩，2008）。近年，学者们结合时空演变双维度，将不同地域旅游的经济（骆泽顺等，2015）、政策（秦继伟，2019）等因素纳为关注点，着重对城市旅游效率（王少华，2019）和入境旅游效率（张建伟等，2019）的空间结构现状进行分析。

2. 发展阶段研究领域分析

将研究领域与前述河南省旅游研究的三个阶段相结合，探究不同时期的河南省旅游研究路径。

第一，河南省旅游研究缓慢发展期（1993—2003年）。在国内外旅游产业强劲发展态势的拉动下，学者开始探求将河南省旅游资源优势转化为经济优势、将旅游业培育成支柱产业的具体路径。该阶段研究主要集中在宏观层面，以定性研究为主。在研究内容上，学者聚焦旅游资源开发对策与旅游产业发展战略等领域，梳理了河南省自然景观和人文景观优势，提出了合理开发、保护旅游资源可持续发展的建议及实施措施，同时探讨了河南省旅游业的创新发展。研究类型上，主要以应用型研究为主，比较优势理论（王滔等，2000）、昂谱（RMP）模式（吴必虎，2001）等经济分析模型理论虽有涉及但数量较少。

第二，河南省旅游研究高速发展期（2004—2011年）。研究视角从宏观逐渐趋向中观、微观，旅游资源开发对策与旅游产业发展战略等主题进一步丰富，形成了较为成熟的研究体系。首先，旅游产业资源开发研究更加丰富全面。涉及主题包括但不限于乡村旅游、工业旅游、入境旅游、山地旅游、红色旅游、生态旅游、体育旅游等。其次，旅游产业发展主题研究成果明显丰富。学者对旅游产业发展、产业格局与结构、产业驱动机制、区域联合发展、产业融合等领域进行深入探索，建议通过政府、企业、消费者等多主体及宏观、中观、微观多层面推进旅游产业协调整合发展。最后，旅游区域差异研究成果加速涌现。学者通过探究区域差异空间格局、影响因素、时空对比，致力于实现资源优化配置与旅游可持续发展。此外，旅游目的地形象与游客感知研究开始出现代表性研究文献，如入境游客对河南省旅游满意度实证研究。产业组织理论（王庆生，2006）、分形理论（曹芳东等，2010）等开始应用于旅游资源整合、旅游产业系统构建与管理创新、旅游区域差异等领域。

第三，河南省旅游波动滑落趋于平稳发展期（2012—2022年）。该阶段研究主题更加明确、深入、具体，特别是乡村旅游研究相关文献数量明显增加，占据尤为重要的地位。在旅游资源相关研究中，学者对于乡村资源的开发利用、协同管理、分类评价、空间分布及驱动因素进行详细的阐述和讨论。在旅游产业相关研究中，学者结合乡村振兴、精准脱贫、美丽乡村建设（张笃川，2019）、“互联网＋”、产业融合、高质量发展等热点主题，对乡村旅游产业发展特征、协同效应、现存问题和解决路径进行探讨。在旅游区域差异相关研究中，研究成果更加侧重于从时、空两个维度探究河南省不同旅游景区的空间分布规律、差异比较及驱动力，同时通过定量的方法对旅游产业效率进行研究。在旅游目的地形象与游客感知相关研究中，侧重通过探究游客对乡村旅游的满意度、忠诚度感知，合理调整、优化旅游景区形象塑造和传播策略。

本书借助 Cite Space 和 VOS viewer 可视化工具，对 1993—2022 年河南省

旅游研究成果进行定量分析，梳理了河南省旅游研究的发展脉络，总结了河南省旅游研究的作者、机构、研究主题、研究领域和研究热点等信息。总体来看，学者立足于河南省资源禀赋，紧跟国家层面政策导向与民众现实需求，研究方法和理论不断丰富创新，研究成果更加具体深化。30年来，河南省旅游研究经历缓慢发展、高速发展、波动滑落并趋于平稳发展等三个阶段，研究主题主要围绕旅游资源开发研究、旅游产业发展研究、旅游区域差异研究而展开，研究热点由旅游资源开发、对策、旅游产业、体育旅游、入境旅游逐渐转向旅游经济、农业旅游、休闲农业、乡村旅游、精准扶贫、传统村落、乡村振兴等内容。

参照以往的丰富研究成果，围绕河南省当前经济社会发展状况与已形成的旅游研究发展脉络，提出河南省旅游研究未来的几个发展方向。

一是随着乡村振兴战略的实施，乡村旅游成为增加农民收入、带动城乡要素流动、促进乡村经济社会发展的重要推手。从供需两端看，近年国内旅游呈现本地化、近程化特征，河南省乡村旅游领域仍具有极大发展潜力。未来研究可立足于旅游产业高质量发展、持续推进乡村旅游转型提质进程等领域，探讨发挥传统村落优势、落实“一村一品”策略，发展特色产业、强化区域旅游市场开发等方式和途径，吸引更多的城镇居民进入旅游市场。同时，探讨加强旅游政策导向作用研究，保障旅游基础设施和公共服务设施的配套，着力推动乡村旅游与休闲农业、传统村落的融合。

二是相较于其他研究主题，河南省旅游研究关于旅游市场和目的地品牌形象的核心文献数量相对较少，生态旅游、红色旅游等具有地域特色资源的目的地形象挖掘力度有待加强。未来可通过网络评论、游记、旅游宣传片等多种数据类型对河南省区域、景点等各层面旅游市场，以及未游群体、初访客、回头客等游客群体的旅游体验进行研究，提升河南省旅游核心竞争力和形象价值。

三是在旅游资源开发和旅游产业发展研究主题中，旅游企业运营管理、旅游服务质量、旅游产品营销等中观、微观维度相关文献数量不多，缺乏移动互联网和旅游商品营销的深度融合研究，河南省旅游业高质量融合发展体系还未形成。未来可加强旅游市场各主体运营管理和营商环境优化研究，推动旅游市场多方共治的深度融合，同时结合互联网电商平台，提高旅游产品、旅游服务质量的吸引力，进一步探讨高质量发展背景下河南省旅游产业的转型升级路径。

第三章　中国旅游产业现状分析

本章主要对中国旅游产业现状进行分析，它是后续研究的现实基础。为更深刻地了解中国旅游产业发展现状，本章从消费端和供给端两个方面进行论述。其中，中国旅游产业消费端分析主要涉及市场和消费者两方面；中国旅游产业供给端分析主要涉及旅游新业态新模式和互联网旅游企业。

第一节　中国旅游市场总体分析

中国旅游市场地稳定决定了中国旅游业发展的前景。相关研究指出，旅游经济运行综合指数可以有效地评价旅游市场稳定。旅游经济运行综合指数重点考虑旅游收入、旅游外汇收入、旅游基础设施、旅游资源开发程度、旅游营商环境、旅游市场竞争力等，可以有效地衡量旅游经济发展水平、促进政策制定、规划以及指导旅游投资决策。第一，衡量旅游经济发展水平。旅游经济综合指数度量一个国家（地区）旅游业的整体发展水平，集中反映旅游产业对经济增长的贡献程度。同时，对比不同国家（地区）的旅游经济运行综合指数，可以更加直观地了解本国（地区）旅游业发展水平。第二，促进政策制定与规划。旅游经济综合指数为政策制定者提供了一个客观的参考指标，政府可以根据指数的高低来评估旅游业发展的优势和短板，从而制定相应的政策促进旅游产业发展。第三，指导旅游投资决策。旅游经济综合指数提供了一个权威的判断标准，可以指导企业和投资者做出决策。高指数值的国家或地区表明旅游业有良好的发展前景和潜力，可能是投资旅游项目的理想选择。第四，评估旅游竞争力（牛自成等，2022）。旅游经济综合指数可以作为衡量一个国家或地区旅游竞争力的重要指标。指数可以通过对比不同国家或地区的数值来评估其旅游业在国际竞争中的地位，确定相应的优势和改进方向。

从理论上讲，旅游经济综合指数计算公式涉及旅游成本、消费水平和活动丰富度三个指标（夏慧岩等，2019）。其中，旅行成本是游客的旅行目的地的经济支出，通常包括机票、住宿费用、交通费用、餐饮费用等，这些成本既可以是实际支出，又可以根据平均价格进行估算。消费水平是旅游目的地的一般消费水平，可以使用一个国家（地区）的平均消费水平来表示。活动丰富度是指旅游目的地提供的各种旅游活动和观光目标的数量和多样性，包括景点、文化活动、户外活动、购物等，可以通过对旅游资源的综合评估来获得。据统计，2021年、2022年中国旅游经济运行综合指数基本稳定，如表3-1所示。2021年前三季度，由于新冠疫情管控得力，旅游经济运行综合指数一直处于“景气”区间。第三季度结束后，受疫情影响，很多地区实施了旅游限制，人们无法进行常规旅游活动，减少了旅游活动的数量和规模，从而导致旅游运行指数下降。同时，疫情对人们心理也会产生影响，很多人对旅游持担忧、恐惧、焦虑状态，在很大程度上会降低旅游需求，影响旅游业恢复正常运行。

表3-1　中国旅游经济运行综合指数

时间	旅游经济运行综合指数
2021年第一季度	105.72
2021年第二季度	106.05
2021年第三季度	105.69
2021年第四季度	98.90
2022年第一季度	95.60

数据来源：中国旅游研究院。

在中国旅游市场基本稳定的前提下，节假日对旅游业的重要性凸显。较之于外国，中国新冠疫情防控措施得力，出入境旅游基本暂停，假日成为旅游业最重要的消费场景。2020年，清明节、五一国际劳动节、端午节、中秋节与国庆节旅游人数分别为0.43亿人次、1.15亿人次、0.49亿人次和6.37亿人次，占全年出游人数比重为34.5%。与2020年相比，2021年、2022年各法定假日旅游人数均有一定上升，如表3-2所示。总的来说，节假日给人们提供了放松休息的机会，使人们有时间能够远离日常的繁忙，短暂地摆脱疲劳和压力。同时，旅游帮助人们了解不同国家、地区和民族的文化，人们利用假期去旅行，去探索和体验不同地方的风景、美食、建筑、历史和传统，可以拓宽人们的视野，增加知识和理解力，促进跨文化的交流。

表3-2　中国旅游人数统计

时间		旅游人数数量（亿人次）
2020年	清明节	0.43
	五一国际劳动节	1.15
	端午节	0.49
	中秋节与国庆节	6.37

（续）

时间		旅游人数数量（亿人次）
2021 年	清明节	1.02
	五一国际劳动节	2.30
	端午节	0.89
	中秋节与国庆节	0.88
2022 年	清明节	0.75
	五一国际劳动节	1.60
	端午节	0.79
	中秋节与国庆节	0.73

数据来源：中国旅游研究院。

从旅游产业化速度上看，中西部旅游产业化速度明显高于东部，旅游产业区域非均衡格局尚未改变。总体来看，东、中、西三大地区旅游接待量有一定差异，东部地区游客接待量最多，中部地区位居第二，西部地区游客接待总量最少，如图 3－1 所示。2011—2018 年，东、中部游客接待量阶梯分布格局已趋于接近，其原因是：首先，较之于中、西部地区，东部地区经济发展水平比较高，政府和企业更加积极地推动旅游业发展（李青锋，2022），投资建设旅游地、加强基础设施建设，促使旅客接待量快速增长。其次，较之于中、西部地区，东部地区居民的较高收入水平衍生出强烈的旅游需求，更喜欢寻找独特、有特色的旅游体验，促进东部地区旅游业发展（邹箭南，2022）。最后，较之于中、西部地区，东部地区的交通基础设施改善显著，铁路、高速公路、飞机等交通网络建设不断完善，跨省份交通更加便利，也带动了东部地区旅游业的发展。

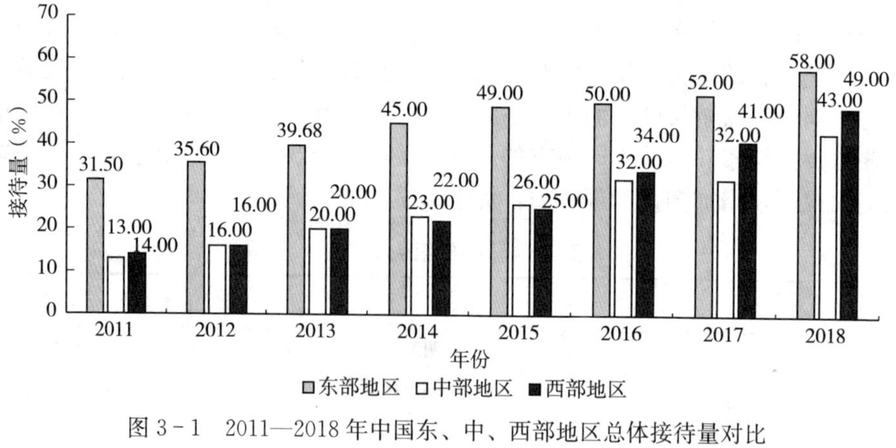

图 3－1　2011—2018 年中国东、中、西部地区总体接待量对比

数据来源：中国旅游研究院。

第二节 中国旅游消费者分析

从相关统计指标上看，中国旅游消费者既包含城镇居民，也包含农村居民。较之于城镇居民，农村居民旅游消费特点更加突出，逐渐呈现出农村居民人均旅游消费递增、旅游目的多元、消费结构多样等新特点。

一、中国旅游消费者消费特点分析

党的十八大以来，农村居民旅游规模从 2012 年 5 028.2 亿元增长至 2019 年的 9 741.9 亿元，年复合增长率达 9.91%。即使受新冠疫情封控影响，2020 年、2021 年和 2022 年农村居民旅游消费规模基本维持 5 000 亿元。农村居民旅游消费规模总体保持平稳，在一定程度上反映出旅游消费下沉的趋势。旅游消费下沉是指在旅游消费市场中，原本无法参与高价位产品服务的中低收入群体逐渐融入旅游市场中的一种现象。然而，伴随农村居民人均收入水平提高，农村居民旅游消费呈现出新特点。

第一，农村居民人均旅游消费递增。2016—2019 年，农村居民人均旅游消费有小幅提升，从 572.6 元/人次提高至 631.9 元/人次（林雅慧，2022）。2020 年，受新冠疫情影响，农村居民人均旅游消费出现断崖式下降。此后，2021 年和 2022 年农村居民人均旅游消费有较大增长，基本恢复至疫情前水平（图 3-2）。然而，较之于城镇居民，农村居民人均旅游消费明显偏低。理论上，旅游消费行为与收入水平直接相关。农民的收入水平偏低、未来预期收益

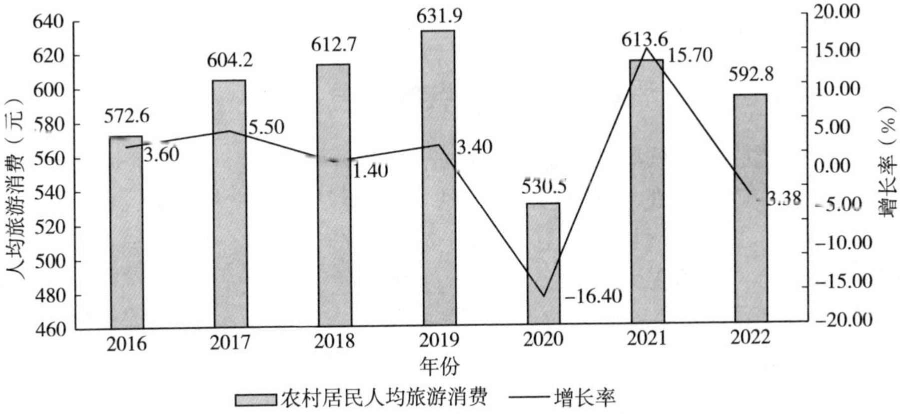

图 3-2 2016—2022 年农村居民人均旅游消费对比

数据来源：国家统计局。

不确定等因素导致农民旅游消费需求不足。此外，传统的“食不兼味、衣不重彩”的节约观念导致农民消费心理保守、消费行为谨慎，也在一定程度上影响其旅游消费支出。

第二，农村居民旅游目的多元。农民外出旅游目的有很多，从旅游人数占比上看，探亲访友（占比为35%）、观光旅游（占比为23%）、商务出差（占比为18%）、休闲度假（占比为15%）排在前面（图3－3）。其中，探亲访友成为农民出游的首要目的可以在很大程度上反映出农民旅游动机理性不足。当传统的小农意识和现代的消费理念发生碰撞时，探亲访友式旅游既是农民小农意识的体现，又是其追求现代旅游活动的大胆尝试。因此，对于旅游企业来说，开发挖掘家庭游、亲子游产品可以更好地迎合农民旅游消费需求（Di Domenico et al.，2012）。除探亲访友外，观光旅游、商务出差、休闲度假体现出农民更加重视生活质量，也非常渴望接触外界新事物。

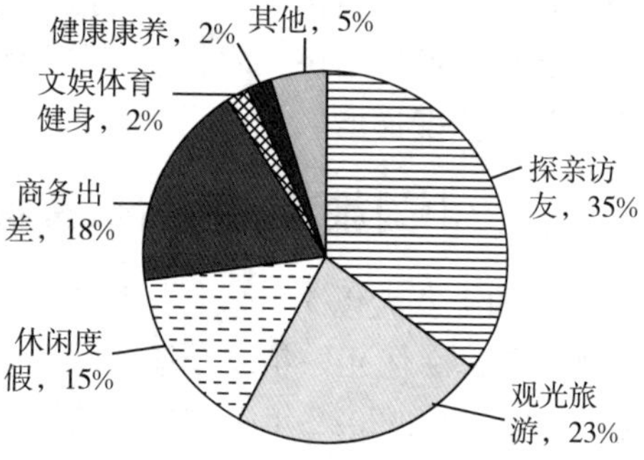

图3－3　农村游客旅游目的选择

数据来源：2019年艾媒智库。

第三，农民消费结构多样。无论是城镇游客，还是农村游客，主要消费都集中于交通费和餐饮消费，这两项费用已经超过总体花费的一半。较之于城镇游客的较高的住宿费，农村游客更愿意把钱花在购物上。因此，提供更实惠的低价机票、经济型酒店、特价旅游套餐等旅游产品服务可以更好地满足游客需求，刺激旅游消费（图3－4）。

二、中国旅游消费者消费特点成因分析

农村居民收入持续增长促进了农村消费潜力释放，外出旅游已经成为一种时尚。文化和旅游部的数据显示，党的十八大以来，农村居民旅游规模从2012年5 028.2亿元增长至2019年的9 741.9亿元，年复合增长率达9.91%。即使受新冠疫情封控影响，2020年、2021年和2022年农村居民旅游消费规模基本维持在5 000亿元左右。可以说，农民旅游市场正在成为一个潜力巨大的旅游客源市场。

首先，农民出游的消费意愿日趋强烈。旅游消费行为与一般消费行为不同，其消费对象不是有形的商品，而是无形的感受。这种感受可以丰富精神生活、缓解心理压力以及满足炫耀心理，从而使农民产生旅游消费需求。第一，

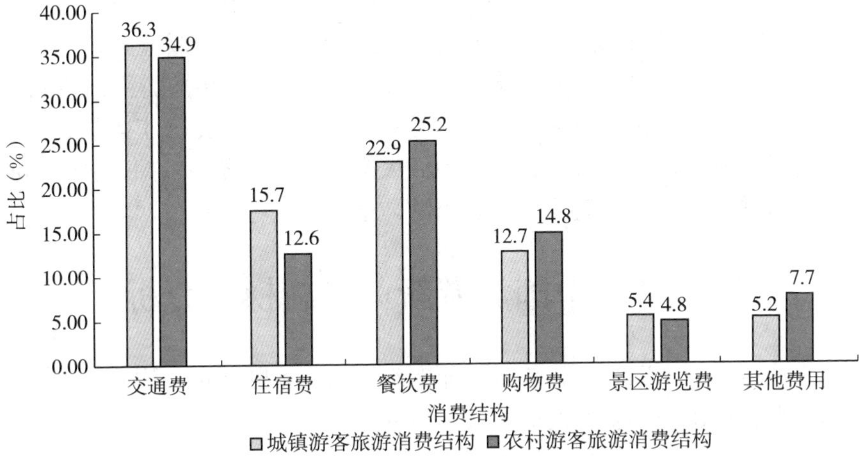

图 3-4　城镇游客和农村游客旅游消费结构对比

数据来源：2019 年艾媒智库。

丰富精神生活。伴随经济社会发展，外出务工的农民接触了现代消费观念，不再满足于“日出而作、日落而息”的小农生活方式，在享受丰裕物质生活的同时，也希望精神世界得到充分满足。第二，缓解心理压力。在市场化进程中，农民的心理负担和心理压力也逐步增加，外出旅游可以帮助农民暂时改变生活环境，为其缓解心理压力和摆脱心理负担提供了可能。第三，满足炫耀心理。农村是一个熟人社会，“面子”意识浓厚，率先出游的农民有更多的谈资，炫耀心理也得到了满足。此外，为给父母情感慰藉，很多青年农民也会选择带父母出游或者给父母报名参团旅游。

其次，农民出游的经济基础逐渐厚实。收入水平是农民出游的主要考虑因素。一般来说，收入水平高的地区，居民旅游活动就多；反之，居民旅游活动就少（Li et al.，2020）。据统计，2023 年第一季度全国农村居民人均可支配收入6 131元，同比增长 6.1%，扣除价格因素，同比实际增长 4.8%，增长幅度高于城镇居民（同比实际增长 2.7%）。消费支出数据则显示出农民强烈的消费意愿。2023 年第一季度全国农村居民人均消费支出 4 629 元，同比增长 5.5%，扣除价格因素，同比实际增长 4.2%，同样高于城镇居民（同比实际增长 3.5%）。就现有经济条件来说，远途的、高消费的旅游还是会让农民产生畏惧感，出游地近、价格低廉的旅游更容易被农民接受。因此，应该先近后远、先省内再省外地逐步发展农民旅游市场。

最后，农民出游的营销渠道更加多元。农民出游意愿的增长受互联网影响显著。目前，互联网在农村地区已非常普及，中国互联网络信息中心发布的报告显示，截至2022年，我国农村地区互联网普及率为58.8%，农村网民规模达2.93亿人。互联网拓宽了农民的视野，也为旅游企业把服务触角延伸到农民身边提供了渠道。例如，同程旅行的“千村计划”、途牛旅游网的乡村振兴专栏等为农民出游提供了更大的便利和可能性。此外，外出务工人员、返乡创业人员是带动农民出游的重要力量。他们大都有一定的经济基础，已经形成了旅游消费习惯，会带动家庭成员一起出游，也会把这些观点带回农村。

第三节　中国旅游新业态新模式分析

伴随旅游产业不断发展，旅游新业态新模式也不断涌现。旅游新业态新模式是指旅游行业出现的新的商业模式和服务形式，它以创新为核心，以满足游客旅游需求为目标，为旅游业注入了新的活力。

一、旅游新业态分析

旅游业是一个优势产业，它具有抗冲击、易恢复的产业韧性。同时，旅游业融合度很高，既可以实现一二三产业的纵向融合，又可以实现与文化、康养、生态等产业的横向融合，具有强大的产业发展乘数效应，能够持续、稳定、快速地带动国家经济发展，因此，世界各个国家都高度重视发展入境旅游业。

1. 泉州市打造旅游IP

旅游IP可以有效地整合目的地的文化、历史、自然景观、特色产业等独特资源，并运用创意、宣传和推广等手段，打造出具有个性、魅力和感染力的品牌形象。这种形象不仅可以吸引游客旅游体验，还可以通过衍生产品、广告营销等方式扩大品牌的影响力和商业价值，进而推动相关产业发展（刘琼等，2022）。泉州作为福建省的一个重要旅游城市，拥有丰富的历史文化和独特的自然景观，在发展中打造出属于自己独具特色的旅游IP。

第一，历史文化IP。泉州是中国四大历史文化名城之一，有着丰富的文化遗产，世界级非物质文化遗产代表性项目5项，国家级非物质文化遗产代表性项目36项，成为全国唯一拥有联合国三大类非遗项目的城市（赖婉宜，2023）。以簪花为例，泉州的簪花是一种传统手工艺品，由金属或竹木等材料制成，配珠子、丝线、彩绸等装饰，体现了福建传统民间艺术精华，具有很高的艺术观赏价值和收藏价值。特别是蟳埔簪花，蟳埔女性头戴簪花围习俗于2008年被列入国家非物质文化遗产。千年来，蟳埔村民靠在泉州湾打鱼为生，“以花为生，以蚝筑宅”是当地的民俗特色，全国各地游客纷纷慕名前来参观体验簪花艺术，感受浓厚的闽南文化。“今生戴花，来世漂亮”毫无疑问成为旅游 IP。

第二，风味 IP。泉州是享有盛誉的中国美食之都，面线糊、沙茶面、姜母鸭、蚵仔煎、土笋冻等举世闻名。泉州西街至今已有 1 300 多年历史，各种各样的小吃店、特色餐馆、手工艺品店和传统工艺品店散布其中，是各地游客品尝当地美食和购买特色纪念品的绝佳场所。以美食文化为基础，打造以美食为主题的旅游 IP。通过开设美食体验馆、举办美食节庆活动，吸引游客前来品尝泉州的特色美食，从而提升泉州市的美食 IP 知名度。

第三，自然景观 IP。泉州市有南靖土楼、清源山、洛伽寺等许多自然景观，以独特景点为依托，联合推出门票、交通、游玩路线等一系列游玩攻略，组织徒步探险、摄影比赛、生态考察等旅游活动，打造自然景观 IP，感受泉州自然之美。

第四，现代创意 IP。泉州市积极开设创意主题公园、科技展览等，如开展的首届海上丝绸之路数字文化创意展览会，通过汇集本土宝物、数字技术、文化海丝、文创非遗、文创插画五个领域的数字品牌文创 IP，结合现代创意元素，利用现代科技与虚拟现实技术，设计互动体验项目，为游客提供新颖刺激的旅游体验。

第五，古建筑文化 IP。泉州市有很多寺院，泉州市的开元寺和太原、潮州、福州的开元寺并称为四大开元寺，也是泉州市世界文化遗产。开元寺寺庙建筑精美、石刻技艺精良、文化底蕴深厚，体现了古代建筑的风格和技艺。

泉州市用打造历史文化 IP、风味 IP、自然景观 IP、古建筑文化 IP 和现代创意 IP 等方式，构成了独具魅力的泉州旅游 IP，吸引更多游客前来旅游，促进泉州市旅游业的发展，也促进泉州市文化传播。据统计，2023 年上半年泉州市接待游客 3 815.92 万人次，实现旅游收入 431.83 亿元，有效地带动泉州市经济发展。首先，带动观光旅游消费。泉州市旅游 IP 可以吸引更多游客到访，会带动当地的餐饮、住宿、交通等相关产业的发展，促进泉州市经济繁荣。其次，创造更多就业机会，打造泉州市旅游 IP 通常需要导游、服务人员、餐饮人员等大量的人力资源，提供给当地居民更多的就业选择和发展机会，有助于改善当地就业状况。再次，推动相关产业链发展。打造泉州市旅游业 IP 涉及文化艺术、手工艺品、饮食文化等多个领域，可以带动更多上下游企业和个体经营者发展，提高产品质量和市场竞争力。最后，增加税收收入。打造泉州市旅游业 IP 会给旅游相关企业和个体经营者带来更多的收入，从而增加其纳税贡献。

2. 六盘水市打造凉都文化品牌

六盘水市位于贵州省，地处黔西乌蒙山区，是贵州省的重要文化和历史遗存地，也是贵州省的民族聚居地。六盘水市是中国唯一的凉都，气温常年在20摄氏度上下，空气质量优良率超过96%，是名副其实的避暑山庄。据统计，2023年上半年六盘水接待国内过夜游客387.47万人次，尤其在中秋节与国庆节双节期间，全区共接待游客121.460 9万人次，旅游综合收入9.021 2亿元。

六盘水市积极打造凉都旅游品牌。首先，在自然景观方面，六盘水市地处南岭山区和云贵高原的交会地带，山脉、河流和湖泊众多，六盘山、妥乐村、玉舍国家森林公园、乌蒙大草原、娘娘山国家湿地公园等为游客提供了登山、徒步和户外探险活动。其次，在文化遗址方面，六盘水市历史文化遗址丰富，独山寨是贵州省红色旅游地，保留了独山暴动指挥部、秘密会议室、地下通道等革命时期的建筑遗迹，游客们可以参观纪念馆，了解中国革命历史。再次，在民族文化方面，六盘水市是苗族、侗族、彝族等民族聚居地，体验少数民族的独特的生活方式、传统文化和民俗风情，为这个地区增添了多元而丰富的文化色彩。复次，在饮食文化方面，六盘水菜肴地域性强，水城烙锅、水城羊肉粉、蒸蒸糕、郎岱酱、荷叶糯米鸡等肴馔具有制作独特、区域风格历史传承性和多元复合性等特点。最后，在珍稀植物资源方面，六盘水市是中国西部地区的重要的植物资源保护区，有丰富的珍稀植物景观，以樱花为例、每年春季，习水县会迎来盛开的樱花，当地会举办樱花文化节等，吸引游客前来欣赏樱花。

近年，六盘水市从政府主导、品牌打造、项目开发、区域联动等多方面探索新模式下文旅产业融合发展模式，逐步打造了独具特色的“凉都文化”品牌，推动城市的经济和文化可持续发展。首先，深入挖掘和研究六盘水的历史、传统习俗、民间艺术、饮食文化等，强化凉都文化品牌独特的文化内涵。举办文化节、展览、演出等活动，推广六盘水的传统文化、土家族文化、苗族文化和红色革命传统等。从凉都文学、凉都民歌、地名趣谈、名家游记散文、民俗风情等入手，将这些文化元素融入城市形象和旅游活动中，进行文化资源的全方位挖掘和开发，增加品牌的独特性。其次，充分利用气候优势，加强品牌的推广宣传工作。利用互联网、电视、报纸和杂志等媒体渠道，将凉爽的气候形象与六盘水城市形象相结合，宣传六盘水市的自然环境、文化特色和旅游资源，重点突出六盘水市夏季避暑的特色。同时，组织一系列文化活动，形成品牌的口碑效应。再次，加大对这些资源的开发和推广，打造以凉爽、休闲和健康为主题的旅游休闲目的地、建设更多的休闲度假村、温泉度假区和自然公园等，提供丰富多样的旅游项目和服务，树立凉都文化品牌。同时，注重提升旅游设施的品质和服务水平，提供各种类型的旅游体验项目，加强游客接待服务能力，提供高品质的旅游服务。又次，举办传统文化节日和民族艺术展示，弘扬民族文化，促进不同民族之间的交流与融合。注重发扬工匠精神，推动传统工艺传承与创新，为六盘水市经济发展、旅游推广和文化交流提供品牌支撑。最后，鼓励本土文化艺术的创作和生产，培育文化创意产业。注重文化创意设计的培育和推广，设计独具地方特色的产品，满足消费者的个性化需求。举办各类旅游、演艺活动，开发创意休闲的体验项目，为游客提供丰富多样的文化体验。

凉都文化品牌的成功打造，给六盘水市乃至贵州省带来了积极的影响，推动了当地旅游业的发展、经济的增长、文化的传承与创新，同时提升了贵州省的地方形象。首先，打造凉都文化品牌提升了贵州省作为避暑胜地的知名度和吸引力，吸引了更多游客前往旅游。游客的增加促进了旅游业的发展，带动了酒店、餐饮、交通等相关产业的繁荣。同时，凉都文化的宣传也促进了贵州省旅游业的多元化发展，推动了旅游资源的合理开发和利用。其次，打造凉都文化品牌带动了贵州的经济增长。游客的到来增加了消费需求，促进了商业和服务行业的发展也吸引了更多的投资，促进了农业、文化创意产业等贵州省其他相关产业的发展，为贵州省的经济发展提供了重要的支撑。再次，打造凉都文化品牌挖掘和弘扬了当地传统文化，促进了文化的传承与创新。凉都文化的宣传推广激发了人们对本地文化的兴趣和认知，促进了民间艺术、传统手工艺等的传承与发展。打造凉都文化的同时也鼓励创新，推动了文化产业的繁荣，提升了贵州省的文化软实力。最后，打造凉都文化品牌提升了贵州省的地方形象。更多人将贵州省与宜人、健康的环境联系在一起，这种积极的地方形象可以吸引更多的人才、资本和资源流入贵州，推动地方的综合发展。

二、旅游新模式

旅游新模式有很多，主要包括“互联网＋”旅游、文化旅游、生态旅游、休闲旅游、主题旅游等。中国的广阔的地理空间和丰富的旅游资源为各省份创新旅游新模式提供了可能。温州市、贵州省、长春市分别创新出夜景体验模式、清凉避暑模式和冰雪温泉模式，为游客选择适宜的旅游目的地提供了更多选项。

1. 夜景体验模式

温州市聚力发展“月光经济”，一批批夜文旅项目精彩亮相。不夜温州，越夜越美。该市打造了“城市夜游新文化综合体”，开创了“文创灯光＋夜游运营”的城市夜间旅游发展新模式。

第一，水头古城的夜景。水头古城是保存完好的古村落，位于温州市南麂群岛，建筑风格独特，渔村文化浓郁。水头古城街道狭窄而曲折，古老的建筑在灯光映照下显得格外幽静。建筑的外墙绘有浓厚的本地特色的渔村图案。夜晚时分，在灯光照耀下，这些图案变得栩栩如生，为整个古城增添了神秘的气氛。古城内的故事街、老宅巷和码头地段都有专门设计的灯光装饰。在故事街上，透过柔和的灯光，游客们可以欣赏到屋檐上的精致雕刻和石头铺就的古老街道。在老宅巷里，工艺照明和彩色渔网灯交相辉映，创造出一个梦幻而温馨的氛围。在码头地段上，特别设计的海洋蓝灯光勾勒出渔船和港口的美丽轮廓，呈现出水头古城的独特魅力。除古城夜景外，每天晚上，古城的广场上都会有舞蹈、歌曲、戏剧等传统文化演出，展示出水头地区的特有的渔村文化和民俗传统。此外，游客们还可以参观当地的手工艺品工坊，亲自体验制作渔船模型、编织渔网、制作陶瓷器等传统工艺品。

第二，芙蓉古村的夜间体验。温州芙蓉古村（陈奕可等，2022）是古老的水乡村落，位于温州市永嘉县岩头镇，深受江南水乡影响，古老的街巷和传统的民居仍然保留着当年的风貌。为更好地吸引游客，芙蓉古村大力进行灯光设计。夜晚时分，以柔和的黄色灯光为主，从传统的瓦灯、石灯、筒灯到现代的彩色灯光，展示了古村的独特风情和历史底蕴。灯光的照射将古村的建筑、街巷和景观呈现在游客面前，精美的雕刻和纹饰更加突出，吸引着游客驻足欣赏。除灯光设计外，芙蓉古村的夜间体验还提供了丰富多彩的文化活动。此外，夜间还有传统手工艺品制作和民俗文化展示等活动。游客可以亲手参与传统手工艺品制作过程，体验古老的工艺技艺。

第三，龙湾广场的夜间体验。龙湾广场是城市商业文化中心，位于温州市龙湾区。白天，广场上人潮涌动，商铺林立；夜晚，龙湾广场点缀着各种光彩夺目的彩灯、霓虹灯和 LED 灯，高楼大厦、商铺和酒店立面点缀各种灯光，组成了绚烂的夜景。同时，灯光投射在大型雕塑、喷泉和水幕墙上，创造出形态各异、令人惊叹的视觉效果。灯光艺术还会设计不同主题。例如，春节期间，广场的灯光会变成中国传统元素，加强节日气氛，吸引更多游客前来感受节日喜庆氛围。除灯光艺术外，龙湾广场的夜间体验还提供了各类娱乐活动和文化表演。街头艺人、乐队和舞蹈团体在广场上展示着精彩的表演。广场上常设有露天市集和小吃摊位，游客可以品尝温州小笼包、牛肉炒粉、海鲜煮炒等当地特色的小吃美食。

2. 凉爽避暑模式

贵州省地处喀斯特地貌区，地下溶洞和地下河道形成了独特的地下水系，为贵州省提供了源源不断的清凉自然风。同时，壮阔的山岳地貌、清澈的江河湖泊、葱郁的森林和多样的民族文化，为避暑旅行提供了多元的选择。此外，贵州省是民族聚居地区，拥有 17 个少数民族聚集在此。每个民族都有其独特的节日、建筑和文化表达方式，游客可以深入民族村寨，感受民俗风情，体验民族建筑。因此，贵州省积极发展清凉避暑旅游模式，获得了良好的经济、生态和社会效益。

第一，自然旅游资源。黄果树大瀑布位于贵州省安顺市镇宁布依族苗族自治县，属珠江水系，为黄果树瀑布群中规模最大的一级瀑布，是世界著名的大瀑布之一，以水势浩大著称。瀑布高度为77.8米，其中，主瀑高67米，瀑布宽101米。黄果树瀑布属喀斯特地貌中的侵蚀裂点型瀑布。奔腾的白水河从悬崖绝壁上直泻而下，形成九级瀑布，落差共为105.4米，漩涡无数，声如雷鸣，响达千米。水雾经阳光折射，五彩缤纷，变幻无穷，气象万千，风景壮观。为便于观赏瀑布奇景，附近建有观瀑亭、望水亭，并筑有直通犀牛潭的台阶和石梯。

第二，人文旅游资源。西江千户苗寨位于贵州省黔东南苗族侗族自治州，是贵州省著名的苗族聚居地。苗寨可以追溯到公元前1世纪，由12个苗族部落组成的联盟建立，用来保护苗族人民免受外来侵略，后来逐步演化为以集体生活方式为核心的苗寨。苗寨有完善的社区规则和组织结构，苗寨事务由苗族长老和族长负责管理。苗寨的最重要的节日是“苗年”。过节时，当地苗族女性穿戴蓬松的马尾裙和精致的银饰，男性穿戴绣花布衫和腰带，举行舞狮、唱苗歌、击鼓传花等传统仪式活动。同时，苗族人民擅长手工编织，刺绣、银饰、木雕等手工艺品。特别是刺绣技艺，苗族人民可以将自己的故事和文化图案编织在布料上，体现了苗族人民高超的创造力和艺术才华。苗寨的木楼建筑是苗族文化的重要组成部分，木楼是典型的苗族建筑，由木材和土坯等构成，结构坚固而富有原始美感。木楼通常是多层结构，底层是仓库，上层是居住区，屋顶是由芦苇和木材构成的，可以有效防御风雨。苗族的舞蹈和音乐也是苗族文化的重要组成部分。以鼓点为背景音乐，舞者们穿着传统服装，舞动身体，表达愉悦、祈福和庆祝。芦笙、葫芦丝、笛子等苗族乐器吹奏产生的悠扬音调和独特的节奏令人难忘。

3. 冰雪温泉模式

长春市冬季的主要特点是寒冷和积雪，独特的冰雪资源和丰富多样的冰雪旅游项目使其成为“东北雪都”。冬季，长春市街道、建筑物和树木上铺满了白雪，形成了唯美的冬季风景画。各大公园景点会举办冰灯展、冰雕展示、滑雪等各种冰雪娱乐活动，吸引游客观光。长春市周边有一些知名的滑雪场，提供高品质的滑雪设施和滑雪服务，吸引众多滑雪爱好者。长春市还会举办冰雪灯光展览，独特的冰雕和灯光效果营造出梦幻般的氛围，带来了独特的观赏体验。同时，游客还可以参与冬季传统节日庙会、夜市等活动，品尝涮羊肉、烤冷面等东北地道美味。长春市温泉也十分有名，游客可以享受温暖的温泉水和舒适的温泉环境，在寒冷冬季中放松身心。

第一，冰雪乐园。典型代表是长春世界雕塑园冰雪乐园和净月雪世界，两地均为游客提供了丰富多样的冰雪娱乐项目、精美绝伦的冰雪雕塑以及浓厚的冰雪文化氛围，游客可以尽情享受、欣赏冰雪艺术的魅力，品尝美食，购买纪念品。①长春世界雕塑园冰雪乐园位于长春市南湖公园，是全国最早开办的冰雪乐园。这里，以巨型雪雕和冰雕展示为特色，游客可以欣赏精美绝伦的冰雕艺术作品。同时，该乐园提供了冰滑道、冰车、雪地摩托等冰雪娱乐项目，游客可以尽情感受冰雪的乐趣和刺激。同时，该乐园多次举办冰上运动和冰雪表演，游客可以参与冰球、滑冰等冰上运动，观赏专业表演队伍的精彩冰雪表演。每当夜晚到来，冰雪乐园闪烁着丰富多彩的灯光，勾勒出雪雕和冰雕的美丽轮廓，给游客创造了梦幻般的冰雪氛围。②净月雪世界位于长春市朝阳区，园内各种巨大的雪雕冰雕作品展示了雪雕艺术的精湛技巧，冰灯展示更是给游客带来了令人惊叹的光影效果。净月雪世界还提供滑冰、雪地摩托、冰壶、冰上足球、冰上舞蹈等各种冰雪娱乐项目，以及冰上芭蕾、冰上歌舞等冰上表演。除此以外，净月雪世界还会举办一系列主题庙会，游客可以参加灯谜猜猜猜、冰雪摄影大赛、冰雪灯会、传统手工艺品展销等活动，体验传统文化魅力。同时，游客还可以品尝到烤地瓜、热花甲、炖酸菜白肉等各种当地特色美食。

第二，滑雪场。庙香山滑雪场和世茂莲花山滑雪场是长春市滑雪胜地。①庙香山滑雪场位于长春市南部的长虹区，周围环境优美，山峦连绵起伏，森林茂密，为游客提供了天然独特的滑雪场所。庙香山滑雪场滑雪设施一流，设有多条不同难度的雪道，可供不同滑雪水平的游客选择。滑雪场配备教练团队，提供滑雪指导培训，尤其适合初学者和新手。滑雪场还提供冬季装备租借，游客无须担心缺乏滑雪装备问题。此外，滑雪场设有休息区域和餐饮设施，方便游客享受美食。滑雪场提供夜间滑雪、雪上马拉爬、雪地足球等，增加旅游的趣味性和多样性。②世茂莲花山滑雪场位于长春市东南部的绿园区，所在地群山环抱，树木繁茂，山间湖泊清澈，自然景观壮丽。滑雪场配备先进的滑雪设施和各种级别的雪道，适应不同水平的滑雪爱好者。滑雪场还提供滑雪板、雪橇等装备的租借服务，为游客提供便利。滑雪场雪道宽阔，无论是初学者还是高级滑雪者，都可以在这里找到适合自己的滑雪区域。滑雪场配备滑雪教练团队，提供滑雪技巧指导培训。滑雪场还提供雪地足球、雪地摩托、雪地大卡车等其他雪上活动。此外，滑雪场还有停车场和更衣室等便利设施，为游客提供便捷的服务。

第三，温泉。天怡温泉度假山庄和御龙温泉度假村是长春市非常知名的温泉胜地。①天怡温泉度假山庄坐落在长春市南关区，山庄所在地四周郁郁葱葱，青山环绕，远离喧嚣的城市。山庄拥有许多个温泉池，温泉池设施完备，池水温度适宜。温泉池水富含矿物质和微量元素，有很好的滋养保养效果。除温泉外，山庄还提供太极拳、书法、儿童乐园、健身房、桌球室等丰富多样的休闲娱乐活动，可以满足不同年龄的游客需求。同时，山庄还有会议室和宴会厅，适合举办各种宴会、活动和会议。②御龙温泉度假村。度假村位于长春市双阳区，村内设有碳酸氢钠温泉、硫黄温泉等室内外温泉池，提供舒适的温泉泡浴体验。度假村建筑物、装饰和景观设计均借鉴传统文化。村内建设展览馆，展示了一系列关于长春市的历史、自然和文化。此外，度假村定期举办传统音乐演出、武术表演、皮影戏表演、茶艺体验、传统手工艺制作等活动，方便游客能够近距离观赏体验传统文化。

第四节　中国旅游企业分析

中国旅游企业为游客提供了丰富的旅游产品和旅游服务。伴随互联网快速发展，旅游者“线上购买、线下消费、线上评价”已经成为现实。目前，携程旅行网、美团网、同程网、穷游网、马蜂窝旅游网等中国知名旅游企业为游客表达旅游地感知提供了便捷。无论文字图片，还是语音视频，旅游者都可以随时随地地分享，评论吃、住、行、游、购、娱等旅游活动，评价商、养、学、闲、情、奇等旅游动机，甚至表达情绪、语调、语气、表情、手势等非语言符号。

一、携程旅行网

携程旅行网，成立于1999年，总部位于上海，并在全国范围内设有分支机构（徐常兰，2022）。伴随互联网的普及和旅游市场的蓬勃发展，携程旅行网推出了在线机票预订服务。此后，携程旅行网陆续推出了酒店预订、度假套餐、火车票、汽车租赁、旅游度假等全方位旅游服务，并与同业竞争对手“去哪儿网”合并，迅速赢得了市场份额。同时，携程旅行网聚焦国际市场，不断强化全球化战略，相继收购Trip. com、Skyscanner等跨国公司的股权，进一步扩大其业务范围，逐步成长为一家全球性在线旅游企业（Van Riel et al.，2004）。

携程旅行网竞争优势十分明显，主要集中于广泛产品线、强大的供应链管理、先进的技术平台以及品牌知名度。①广泛的产品线。携程旅行网旅游产品线十分丰富，包括机票预订、酒店预订、旅游团购、自由行等，能够满足不同消费群体的多样化需求。②强大的供应链管理。携程旅行网建立管理覆盖全球的旅行供应链网络，与全球多家航空公司、酒店连锁集团建立了长期合作关系，有能力向其用户提供航空公司、酒店、旅游地等多种多样的旅行产品以及更有竞争力的价格。③先进的技术平台。携程旅行网致力于技术创新和数字化转型，建立了强大的技术团队和先进的技术平台，使得携程旅行网能够提供高效便捷的预订系统、个性化推荐和定制化服务，简化了用户的预订流程，提高了用户体验。④强大的市场营销能力。广告、促销活动、会员计划等方式吸引用户并提高忠诚度并利用积分、会员计划等手段提高用户忠诚度。⑤品牌知名度。携程旅行网特别注重和合作伙伴的良性互动，与航空公司合作推出联合销售产品，与酒店合作推出度假套餐等，扩大了产品覆盖范围，创造了更多商业机会，赢得了广泛的用户群体和良好的品牌声誉，为其带来了更多的商业机会和市场份额。

面对日益激烈的在线旅行服务竞争环境，携程旅行网积极转型，从改进用户体验、提升技术能力、处理投诉等方面不断完善，最大程度地保持其竞争优势。①改进用户体验，随着移动互联网快速发展，移动端的用户需求标准也越来越高，携程旅行网持续改进优化移动应用，提供更好的用户体验。②提升技术能力。由于用户量的增加，携程旅行网不断升级和改进系统架构，提升性能，防止系统崩溃和信息泄露的风险。③处理投诉。在线旅行服务可能出现航班延误、酒店预订错误等一系列问题，携程旅行网完善客户服务体系，及时处理用户投诉，提高服务质量。未来，携程旅行网将进一步扩大海外市场，并与国际旅行供应商建立更紧密的合作关系，推出更多优质产品，定制更多个性化服务，进一步提高品牌知名度和市场占有率。

二、美团网

美团网，成立于2010年，最初是一家提供外卖配送的服务平台，集中采购商品服务，向用户提供优惠折扣。移动互联网的普及和智能手机的普及为美团网提供了巨大的商机，逐渐拓展业务范围至餐饮、酒店、旅游、电影票、生活服务等多个领域。2014年，美团网和大众点评网合并，形成了美团点评联合集团，首创点评评论功能，提供了更全面的用户体验。截至2021年，美团网高度整合垂直领域的在线消费平台，为用户提供订餐、外卖配送、酒店预订、旅游度假等多种旅游服务，进一步提升了其市场地位和影响力。

美团网的商业模式为O2O模式，连接线上消费者和线下服务提供商，一方面使用户方便地浏览、选择、购买和享受订餐外卖、旅游酒店预订、电影票务、打车等各类本地生活服务；另一方面，与商家建立合作关系，促进双方利益共享（张文武等，2021）。因此，美团网竞争优势十分明显。第一，规模优势。在全国范围内，美团网的用户和商家基础庞大，使其能够具备规模优势，有能力向合作商家提供更有竞争力的服务条件。第二，品牌认知度。美团网品牌关注度很高，是用户关注的热门平台。第三，技术创新。美团网持续投入研发，不断改进数据分析、人工智能等技术手段，提供更精准的推荐和更高效的交易处理。第四，垂直领域覆盖。美团网提供订餐外卖、旅游酒店预订等多种生活服务，使其能够满足不同用户需求，并建立更多合作机会。

当前，美团网也面临多重竞争。第一，市场竞争。美团网运营众多业务领域，这些领域的市场竞争都十分激烈，竞争对手可能会提供更具竞争力的价格、更广泛的选择和更好的服务，给美团网带来市场份额和用户的流失。第二，用户信任。在线消费平台需要建立用户信任，确保用户信息的安全以及交易的可靠性（邓三军等，2022）。任何一次严重的安全漏洞或用户信息泄露事件都有可能破坏用户对美团网的信任，影响其长期发展。第三，服务质量。美团网是一个服务平台，需要保证提供准确的订单信息、及时的配送、高质量的商品和周到的客户服务等。如果服务质量不能满足用户需求，可能会导致用户流失和口碑受损。第四，法律监管环境。随着互联网行业快速发展和变化，法律监管环境也在不断演变。美团网必须密切关注其变化，并确保业务符合相关法规。如果违反法规或未能满足监管要求，可能会面临罚款、关闭业务、声誉受损等问题。第五，城市扩张和用户增长。美团网经营范围涵盖了众多城市，不同地区的市场环境、消费习惯和竞争格局可能导致其运营困难。第六，商家合作和满意度。商家对合作的效果不满意或存在投诉，可能会影响其与美团网的合作关系，进而影响平台上的商品和服务供应。

未来，美团网致力于扩大已有本地生活服务领域的市场份额，还计划进一步扩展至更多垂直领域，如医疗、教育、家政等，以满足用户更广泛的需求。同时，公司计划进一步扩大国际市场的影响力，并寻求更多的新的增长机会。

三、同程网

同程网，成立于2004年，是一家在线旅游服务公司，提供旅游产品预订、旅游线路规划、机票预订、酒店预订、景点门票预订等服务。2018年，同程网与猫途鹰合并，进一步强化其在线旅游行业地位。同程网向客户提供旅游产品和服务十分广泛，用户可以进行同程网平台查找和比价，选择适合自己的旅行方案。同程网提供旅游目的地介绍、旅游攻略、景点推荐等相关信息，帮助用户了解旅游目的地，做出更好的旅行决策。用户选择并预订旅游产品和服务后，同程网负责处理订单和支付，同程网确保交易的安全性和可靠性。同时，同程网与航空公司、酒店、旅行社等各类旅游供应商建立合作伙伴关系，并向其收取佣金、服务费及其相关服务的销售佣金。

同程网竞争优势十分明显。第一，竞争优势。同程网的合作伙伴网络十分广泛，与众多旅游供应商、航空公司、酒店集团等建立了合作关系，占有丰富的旅游资源和产品库存，使其能够为用户提供多样化、全面的旅游产品选择（Danso A. et al.，2019）。第二，技术优势。同程网的技术平台稳定高效，能够快速处理大量用户请求。特别是智能化的搜索和推荐功能能够根据用户需求和偏好，提供个性化的旅游产品推荐。此外，同程网推出了移动端应用程序，方便用户可以随时随地进行旅游产品的查询预订。第三，用户体验。同程网注重用户体验，致力于提供优质的服务。用户可以方便地查询、比较和预订旅游产品，并享受24小时客户服务。此外，同程网还为用户提供可靠的支付和退改政策，增加了用户的信任度和满意度。第四，品牌知名度。同程网注重口碑和用户评价，不断提升产品和服务质量。所以，同程网的市场品牌知名度很高，得到了广大用户的认可和信赖。

市场竞争十分激烈。同程网的主要竞争对手是携程旅行网、去哪儿网等，这需要同程网不断提升自己的服务品质和功能。第一，增强用户体验。旅游行业对用户体验要求较高，同程网需要不断改进搜索功能的优化、页面设计的吸引力和易用性、在线支付的安全性等功能板块，提供更流畅、便捷、个性化的用户体验（巩硕，2022）。第二，提高信息准确性。酒店的房价和设施、景点的门票价格和开放时间等必须准确无误，如果信息有误，可能会导致用户的不满和投诉，影响同程网的信誉和口碑。第三，熟悉旅游政策。旅游业受各种政策影响，签证政策、旅游目的地的限制政策等都会影响游客出行。同程网必须密切关注并及时调整服务，保证用户按计划旅行。第四，多平台适应性。用户会使用电脑、手机、平板电脑等多种设备浏览和访问网站，同程网必须完善各种平台运行机制，提供一致的体验。

未来，同程网发展方向会聚焦于科技创新。同程网将重点关注技术创新和数字化转型，积极引入人工智能、大数据分析、云计算等先进技术提升其平台的智能化、个性化和用户体验，以更好地满足用户的需求。此外，同程网还将进一步扩展海外市场，开发更多的海外旅游产品和服务，并提供专业的跨境旅游解决方案。

四、穷游网

穷游网，成立于2004年，最初是一个简单的旅行博客，后发展成为以自助旅行为主题的在线旅游社区，致力于为旅行爱好者提供分享经验、获取旅行信息并建立社交网络。由于其独特的内容和实用的建议，穷游网很快获得了用户的关注和认可，吸引了越来越多的旅行者和旅游爱好者。为了促进旅行者互动交流，穷游网提供了论坛、问答平台、社交功能等功能模块，方便用户分享自己的旅行心得、提出问题、寻找旅伴等。伴随用户数量的不断增长，穷游网逐渐开始进行商业化转型，相继推出了旅行攻略、酒店预订、机票预订等服务，为用户提供更多选择。2011 年，穷游网推出了英文版网站，进一步扩展了其国际影响力。如今，穷游网已经成为全球性的自助旅行社区之一，汇集了来自世界各地的旅行爱好者。

穷游网商业收入来源十分稳定。第一，广告收入。穷游网设立展示目的地推广、酒店预订平台、旅行用品等相关旅行产品的广告，从广告主获取收入。第二，会员服务。穷游网提供了付费会员服务，会员可以享受专属折扣、定制服务、旅行保险等更多的特权和优惠。第三，推广合作。穷游网与旅行合作伙伴进行推广合作，酒店预订平台、航空公司、旅行社等合作伙伴可以向穷游网支付推广费用。第四，电商销售。穷游网线上销售行李箱、护照夹、导航仪等旅行用品可以获取销售额提成。

穷游网有一定的竞争优势。第一，资源丰富。穷游网有庞大的用户群体和丰富的旅游攻略、游记等内容资源，用户可以找到各种各样的旅行信息和经验分享，从而更好地计划和享受旅行。第二，社区交流。穷游网提供活跃的旅行者社区，让用户可以互相交流、分享旅行经验、提问和解答问题。第三，专业性。穷游网提供详细的目的地介绍、交通建议、住宿推荐等专业的旅行攻略和信息。用户可以在平台上找到更具实用性和可靠性的旅行信息。第四，移动端覆盖广泛。穷游网的移动端拥有非常成熟的应用程序，用户可以随时随地通过手机或平板电脑访问平台，方便实用。

穷游网所遇到的挑战也非常激烈。第一，竞争对手。在线旅游网站可能在用户体验、价格优势、旅游资源丰富度等方面无差别地复制穷游网内容，造成同质化倾向。第二，营销与推广。穷游网需要进行有效的营销与推广，以增加品牌知名度和吸引更多用户，这需要穷游网在市场调研、推广渠道选择、品牌宣传等方面做出正确的决策，同时进行有效的在线和线下推广活动。第三，信息准确性和可信度。穷游网需要确保提供的信息准确、全面，并保持良好的可信度，以便赢得用户的信任。第四，技术创新。新技术不断涌现，穷游网持续关注最新应用技术，以提升用户体验和服务质量。

未来，穷游网将不断提升用户体验和服务质量，积极关注用户反馈并改进产品和服务，拓展旅游资源和合作伙伴，增加优质旅游线路和产品的供给。

五、马蜂窝旅游网

马蜂窝旅游网，成立于2010年，是中国在线旅游社区和预订平台之一。最初，马蜂窝旅游网是一个供用户分享旅游经验和交流旅游信息的社区平台，2011年马蜂窝旅游网推出了旅游产品搜索和预订功能，开始提供在线预订服务。此后，马蜂窝旅游网推出了手机客户端，并完成了一轮融资，在纳斯达克交易所上市，成为中国在线旅游行业首家在美国上市的公司。2019年，马蜂窝旅游网与携程旅行网合并，其商业模式日趋多元化。第一，平台型业务。马蜂窝旅游网提供在线旅游平台，消费者可以搜索旅游产品，预订酒店、机票等，并享受在线支付、客户评价等服务。第二，广告推广。旅游服务供应商可以购买广告位或与马蜂窝旅游网合作进行品牌推广，提高曝光度（刘婕等，2022）。第三，数据服务。马蜂窝旅游网可以收集和分析用户的旅游购买行为和使用行为数据，为旅游服务供应商提供用户洞察和市场分析报告，帮助供应商优化产品和服务。第四，会员服务。马蜂窝旅游网还提供会员项目，注册会员可以享受特权和优惠，如折扣、专属产品和服务等。

马蜂窝旅游网是旅游信息分享平台，具有与众不同的竞争优势。第一，广泛的用户群体。马蜂窝旅游网拥有庞大的用户群体，在国内外旅游市场上有广泛的影响力，使得平台旅游信息更加全面丰富，并吸引更多用户参与讨论和分享经验。第二，多样化的内容。马蜂窝旅游网提供了攻略、游记、点评等各种类型的旅游内容，方便用户寻找其感兴趣的旅游信息，从而满足不同用户的需求。第三，社区互动和信任机制。马蜂窝旅游网注重社区互动，提供评论、点赞、关注等功能，促进用户交流和分享旅游经验。此外，平台还建立明星达人、认证用户等信任机制，增加了用户对内容的信任度。第四，数据驱动的产品优化。马蜂窝旅游网分析大量用户行为数据，不断优化平台产品服务，帮助用户更方便地找到信息，提供更好的用户体验。

马蜂窝旅游网未来应该增加更多旅行产品，继续与航空公司、酒店和旅行社建立合作伙伴关系，提供更多旅行产品选择。同时，马蜂窝旅游网应该提供更友好、更人性、更便捷的用户界面和功能来增强用户体验，方便用户快捷地搜索、比较和预订旅行产品。此外，应积极拓展国际市场，满足用户对全球旅行的需求。

第五节　本章小节

本章从中国旅游产业的消费端和供给端展开论述。在消费端上，本章利用旅游经济运行综合指数对中国旅游市场进行总体分析，从时间维度上看，总体来讲，2021 年、2022 年中国旅游经济运行综合指数基本稳定，在 2021 年第三季度，由于新冠疫情影响，旅游运行指数呈现下降趋势。从旅游产业化速度上看，中、西部旅游产业化速度明显高于东部；而且通过对中国旅游消费者分析，发现农村居民旅游消费特点更加突出，呈现出农村居民人均旅游消费递增、旅游目的多元、消费结构多样等特点。在供给端上，首先，本章以泉州市、六盘水市、温州市、贵州省和长春市为例，挖掘各地新业态下的创新模式，不仅丰富了中国的旅游市场，为游客提供了更加个性化的旅游体验，也为国家经济发展提供持续、稳定和快速的增长动力。其次，分别从中国知名的旅游企业，如携程旅行网、美团网、同程网、穷游网、马蜂窝旅游网出发，分析各企业的竞争优势与所面临的挑战，促进企业进一步的改进和创新。

第四章　二模网络技术挖掘中国入境游客感知

入境旅游业是一种优势产业，它具有抗冲击、易恢复的产业韧性，可以在不涉及技术争端、贸易竞争等情况下有效地提升外汇增速（Mathouraparsad et al.，2017）。同时，入境旅游业融合度很高，既可以实现一二三产业的纵向融合，又可以实现与文化、康养、生态等产业的横向融合，具有强大的产业发展乘数效应，能够持续、稳定、快速地带动国家经济发展（Sahli et al.，2013）。因此，各个国家都高度重视发展入境旅游业。当不同国家的入境游客前往中国不同省份旅游时，各入境国和各省份便形成了“多对多”的隶属关系，这是构成中国入境旅游流网络的底层逻辑。因此，本书研究的具体目标是：①利用2008—2017年相关统计数据，构建中国入境旅游流网络，形象展示中国入境旅游市场格局全貌。②利用二模网络分析技术，深度解析中国入境旅游流网络特征，并关注其动态演化规律。本书的主要贡献是：从关系视角出发，将研究视角从过去以游客接待人次规模为重点的“个体层面”上升到以游客空间流动为重点的“关系层面”，挖掘中国入境旅游市场的二模关系网络本质，从而突破研究角度的局限性。这些研究信息不仅为预判中国入境旅游业发展趋势提供科学的定量分析，也为指导中国入境旅游业可持续发展提供合理的参考依据。

第一节　导　　言

入境旅游业的拓展与国内外发展环境密切相关（Kumar et al.，2019）。中国入境旅游业发展大致可以划分为四个阶段：第一阶段，先试先行阶段（1978—1991年）。自1978年以来，有关部门出台《关于当前旅游体制改革暂行条例》《旅游涉外饭店星级的划分及评定》等一系列旅游业及其配套住宿餐饮服务业改革政策，为旅游业发展创造了良好环境，极大地激发了入境旅游规模增长（Kulshrestha et al.，2021）。第二阶段，波动增长阶段（1992—2012年）。受各种国内外环境影响，中国入境旅游业在波动中发展。特别是2003年暴发“非典”疫情，旅游环境极不稳定，致使当年入境旅游人数大幅减少。

2008年出现全球性金融危机，各国经济下滑严重，游客收入预期降低，对入境旅游业也产生不利影响（Sio - Chong et al.，2020）。第三阶段，平稳发展阶段（2013—2019年）。2013年以来，中国经济社会持续发展，对外经济文化交流日益增加，和平、安全、发展的国际形象更加凸显，入境旅游人数实现了快速增长。以2019年为例，当年中国入境旅游人数达1.45亿人次，国际旅游收入1 313亿美元。第四阶段，后疫情阶段（2020年至今）。2020年，新冠疫情肆虐全球，严重制约了中国入境旅游业发展。当年，中国共接待入境游客2 747万人次，同比下降81%。

除入境旅游人数呈明显波动趋势外，入境游客的目的地选择偏好也存在明显差异。据中国权威统计年鉴，中国主要客源国有13个，分别是日本、韩国、马来西亚、菲律宾、新加坡、泰国、美国、加拿大、英国、法国、德国、俄罗斯以及澳大利亚。2008—2017年，13个国家入境旅游人数占比持续稳定在70%左右，整体分布比较集聚。这些国家的游客的目的地选择偏好也不相同，亚洲、大洋洲等国家游客主要选择云南、山东、福建等新兴旅游城市；欧洲、北美洲等国家游客主要选择上海、广州等传统旅游城市。由此可知，中国的广阔的地理空间和丰富的旅游资源为入境游客选择适宜目的地提供了更多选项。当目的地旅游资源禀赋对游客形成吸引力时，他们就会产生旅游动机并真正实施旅游行为，最终表现为从客源国到目的地的入境旅游流（Xu et al.，2022）。然而，中国各省份的旅游资源禀赋、交通基础设施、社会经济发展等并不均衡，致使入境旅游流的流量、流向和流质在各省份之间分布差异明显。当然，这也是旅游学界热衷于研究的重点领域之一。不过，目前基于这一视角来探究省际入境旅游的文献仍比较缺乏。从理论上讲，当入境游客在客源国和目的地间自由流动时，入境流就将客源国和目的地相互关联起来，二者呈现出关联特征。值得注意的是，一国游客可以到很多目的地旅游，一个目的地也可以被多国游客共享，客源国和目的地之间就会形成“多对多”的关联关系，这在本质上是一个二模网络。然而，这一点目前鲜有学者关注。为弥补这一缺陷，本书将利用二模网络技术，构建中国入境旅游流网络，并利用相关指标解析中国入境旅游流网络时空演变规律，为实现入境旅游市场可持续发展提供科学合理的定量分析。

第二节　研究设计

本书的研究设计涵盖数据来源与数据处理、入境旅游俱乐部关系网络模型构建、入境旅游俱乐部关系网络拓扑特性参数分析、QAP算法四个步骤。其中，数据主要来源于2008—2017年的中国旅游统计年鉴数据，涵盖了全国除香港、澳门、台湾以外的31个省份接待13个主要客源国的入境旅游人数。省际入境旅游流网络模型构建主要利用二模网络分析技术，顺次进行建立隶属关系矩阵、比值化处理和二值化处理。在此基础上，本书采用节点数、关系数、密度、最短路径长度、直径、核心边缘聚类、中心性等指标对其进行分析，全面解析中国入境旅游流。

一、数据来源与数据处理

本书聚焦中国入境旅游流网络结构演变，相关数据主要来自2008—2017年的《中国旅游统计年鉴》中“各地区接待外国过夜游客人数统计（按国籍分）”。选取这十年数据是因为：从2018年以后，《中国旅游统计年鉴》就暂时停止统计该项指标了。同时，由于该项指标收集难度比较大，目前尚未有调查机构能够提供此类全面、权威、有说服力的统计数据。加之，受新冠疫情影响，全球入境旅游业陷入全面萧条，入境旅游数据已经无法延伸至2020年及以后。综合上述三点原因，本书利用2008—2017年相关统计数据，试图构建起中国入境旅游流网络，深度解析中国入境旅游全貌。

相关数据主要统计了全国除香港、澳门、台湾以外的31个省份的13个主要客源国的入境旅游人数。从统计数据上看，因各省份接受各客源国入境游客数量有明显差异，两者便形成了“多对多”的隶属关系，这是构成中国入境旅游流网络的底层逻辑。基于此，构建中国入境旅游流网络就必须明确回答某一省份和某一客源国是否在入境旅游市场上建立了隶属关系。以北京市和美国为例，北京市和美国是否在入境旅游市场上建立起隶属关系，取决于经美国入境北京市的游客量是否在北京市入境游客总量中达到了一定数值，或者经美国入境北京市的游客量是否在美国游客总量中达到了一定数值。两种方案视角不同，结果及意义也必然不同。由于本书聚焦中国入境旅游发展状况，某省份是否与某客源国建立起隶属关系取决于一国是否在一省份入境旅游市场上占有一定比例，符合第一种方案思路。

按照第一种方案思路，本书对原始数据进行如下三个步骤处理：第一步，隶属关系矩阵T的建立。设隶属关系矩阵R，行代表g个省份，列代表h个客源国，r_{ij}代表第i个目的地和第j个客源国的入境游客数量，它是一个$g \times h$二模矩阵。第二步，隶属关系矩阵T的比值化处理。将第i个省份的第j个客源国的入境游客人数除以北京入境游客总量，就可以得到隶属关系比值矩阵T。第三步，隶属关系比值矩阵T的二值化处理。求取31个省份入境游客数量均值r^*且保留两位小数为切分值，若$r_{ij} > r^*$，则$l_{ij}=1$；反之，则$l_{ij}=$

0，构建 $g \times h$ 布尔关系矩阵 L 。

至此，31 个省份和 13 个客源国之间的“多对多”的隶属关系数据转化为二模布尔关系数据。

二、省际入境旅游流网络模型构建

在前述数据处理基础上，将各省份和各客源国分别抽象为节点，将二者间的“多对多”的隶属关系抽象为连线，就可以得到中国省际入境旅游流网络。记 $G=(V_i, V_j, L)$。其中，向量 $V_i=[v_i]$（$i=1, 2, \cdots, g$）表征各省份；向量 $V_j=[v_j]$（$j=1, 2, \cdots, g$）表征各客源国；布尔关系矩阵 $L=[l_{ij}]$（$i=1, 2, \cdots, g$；$j=1, 2, \cdots, g$）表征各省份和各客源国之间的入境旅游流。从本质上看，省际入境旅游流网络节点有两种类型，连线取值为 0 和 1，故它是一个无权无向二模关系网络。

三、省际入境旅游流网络特征指标测度

入境旅游流网络很好地描述了各省份和各客源国之间的联系模式，这种联系模式对于每一个节点及其网络都有重要意义。任何一个节点的地位、角色和功能都会受到自身所处的网络位置的影响，而网络位置的优劣主要取决于它与其他节点的一系列互动关系的多少和强弱（Borgatti et al.，2009）。为准确评估网络性能以及节点的网络位置的优劣，本书选取了下述若干个指标分别对省际入境旅游流网络的整体结构、聚类情况、中心性进行测度。

1. 整体结构分析

整体结构分析主要利用密度、最短路径长度、直径等指标对关系网络的联系紧密程度和通达性进行测度。

（1）密度。密度是反映了一个关系网络的联系紧密程度，它是实际关系数量与所有可能关系数量之比，取值范围是［0，1］。密度数值越大，客源国和目的地联系越紧密（Yuan et al.，2018）。密度计算公式如公式 4－1 所示：

$$\Delta = \frac{l}{g \times h} \tag{4-1}$$

式中，Δ 代表密度，$g \times h$ 代表所有可能关系数量，l 代表实际关系数量。

（2）最短路径长度 L 和直径 D 。最短路径长度 L 评估了一个关系网络的连通效率（Liu et al.，2021）。在任何一个关系网络中，一个节点可以通过一条或者多条路径到达另一个节点，连接第 i 个目的地和第 j 个客源国的最少连线的数量为最短路径 d_{ij} ，平均路径长度 L 是所有节点的最短路径的平均值（Jarman et al.，2014）；直径 D 是任意两个节点的距离最大值（Baggio et al.，

2013)。一般来说，平均路径长度越短，直径越短，网络连通性越强，节点间通达性就越好（Chung et al.，2020)。最短路径长度 L 和直径 D 的计算公式分别如公式 4-2、公式 4-3 所示。

$$L = \frac{l}{g \times h} \sum_i \sum_i d_{ij} \tag{4-2}$$

$$D = \max d_{ij} \tag{4-3}$$

2. 核心连线缘聚类分析

聚类分析是一种重要分析方法，其目的是判别节点间的直接、稳定、强烈、频繁的小团体结构（Chung et al.，2020)。聚类分析的本质是识别两个节点的关系模式是否相同或者近似，如果两个节点相互替换后并没有改变关系网络整体结构性质，说明两者在结构上是对等的，其地位是一样的，可以划入同一类别中（Li et al.，2020)。聚类有很多方式，核心连线缘就是其中一种。在本书中，核心是指一种聚类，是对“共现”的目的地的聚类。它是由一系列目的地分区组成，这些目的地与每一个客源国都紧密联系，形成了“共现”关系。连线缘是另一种聚类，是对不“共现”的目的地的聚类，这些目的地不共享同一客源国，最终形成了连线缘团组。核心连线缘分析主要利用生成性算法来搜索两类分区，并利用拟合值表示拟合优度高低，0 表示拟合度低，1 表示拟合度高。因此，对于省际入境旅游流网络来说，当两个目的地划入同一个类别时，这两个目的地角色定位一定有共通性，主要表现在二者链接着数量基本相当的客源国。

3. 中心性分析

中心性分析是最常见分析方法之一，主要用于衡量节点影响力（Lee et al.，2013)。在本书中，中心性分析主要包含度数中心性和中介中心性。

(1) 度数中心度。度数中心度统计了与某节点相关联的连线的数量（Du et al.，2019)。对于任意一个省份来说，度数中心度值越高，关联的客源国数量就越多，就会有更多国家的游客前往旅游。可以说，高度数中心型省份充当着入境旅游门户的功能。度数中心度计算结果如公式 4-4 所示。式中，$c_D(i)$ 为省份 i 的度数中心度。

$$c_D(i) = \sum_{j=1}^{j=m} l_{ij} \tag{4-4}$$

(2) 中介中心度。中介中心度反映了任意两个非邻节点的相互作用，以及这种相互作用在多大程度上需要依赖一个既定节点（Das et al.，2018)。一个节点的中介中心度值越高，在其他节点间充当“桥”的次数就越多，其他节点对其依赖程度就越强。对于任意一个省份来说，只有当一对客源国都辐射它时，它才能获得中介中心性。一个省份的中介中心度值越高，对其相邻节点的入境旅游流的控制能力就越强，它越有能力发挥中介辐射能力。可以说，高中介中心性省份充当了入境旅游中介的功能。中介中心度计算结果如公式 4－5 所示。式中，为省份 i 的中介中心度，S_{ij}^{N} 为目的地 p 与目的地 q 的共享的客源国的数量。

$$c_B(i) = \frac{1}{2}\sum_{pq\in D}\frac{1}{S_{pq}^{N}} \tag{4-5}$$

第三节　结果与讨论

利用 UCINET 软件依次对 2008—2017 年中国入境旅游流网络的形态演变、整体结构、核心连线缘聚类及中心性进行分析，并对其结果进行解释和讨论。

一、中国省际入境旅游流网络形态演变情况

表 4－1 形象化地展示了 2008—2017 年中国入境旅游流网络历时性演变情况。

表 4－1　2008—2017 年中国省际入境旅游流网络邻接矩阵

a. 2008 年

地区	日本	韩国	马来西亚	菲律宾	新加坡	泰国	美国	加拿大	英国	法国	德国	俄罗斯	澳大利亚
北京	1	1	0	0	0	0	1	0	0	0	0	0	0
天津	1	1	0	0	0	0	0	0	0	0	0	0	0
河北	1	1	1	0	0	0	0	0	1	1	0	1	0
山西	1	0	0	0	0	0	1	0	0	1	1	0	0
内蒙古	0	0	0	0	0	0	0	0	0	0	0	1	0
辽宁	1	1	0	0	0	0	0	0	0	0	0	0	0
吉林	1	1	0	0	0	0	0	0	0	0	0	1	0
黑龙江	0	0	0	0	0	0	0	0	0	0	0	1	0
上海	1	1	0	0	0	0	1	0	0	0	0	0	0
江苏	1	1	0	0	0	0	1	0	0	0	0	0	0
浙江	1	1	0	0	0	0	1	0	0	0	0	0	0
安徽	1	1	0	0	0	0	1	0	0	0	0	0	0
福建	1	0	1	0	1	0	1	0	0	0	0	0	0

（续）

地区	日本	韩国	马来西亚	菲律宾	新加坡	泰国	美国	加拿大	英国	法国	德国	俄罗斯	澳大利亚
江西	1	1	0	0	0	0	1	0	1	0	1	0	0
山东	1	1	0	0	0	0	0	0	0	0	0	0	0
河南	1	1	1	0	0	0	1	0	0	1	0	0	0
湖北	1	0	0	0	0	0	1	0	1	1	1	0	0
湖南	1	1	0	0	0	0	1	0	0	0	0	0	0
广东	1	1	1	0	0	0	1	0	0	0	0	0	0
广西	1	1	1	0	0	0	1	0	0	1	0	0	0
海南	1	1	0	0	0	0	0	0	0	0	0	1	0
重庆	1	0	0	0	0	0	1	0	1	0	1	0	0
四川	1	1	0	0	1	0	1	0	1	0	0	0	0
贵州	1	0	1	0	1	0	1	0	1	0	0	0	0
云南	1	1	1	0	1	1	1	0	0	0	1	0	0
西藏	1	0	0	0	0	0	1	0	0	0	1	0	0
陕西	1	1	0	0	0	0	1	0	1	1	1	0	0
甘肃	1	1	0	0	0	0	1	0	0	0	1	0	1
青海	1	1	0	0	0	0	1	0	0	0	1	0	0
宁夏	1	1	0	0	0	0	1	0	0	0	1	0	0
新疆	1	0	0	0	0	0	0	0	0	0	0	1	0

b. 2009 年

地区	日本	韩国	马来西亚	菲律宾	新加坡	泰国	美国	加拿大	英国	法国	德国	俄罗斯	澳大利亚
北京	1	1	0	0	0	0	1	0	0	0	0	0	0
天津	1	1	0	0	1	0	1	0	0	0	0	0	0
河北	1	1	1	0	0	0	1	0	0	0	0	1	0
山西	1	0	0	0	0	0	1	0	0	1	1	0	0
内蒙古	0	0	0	0	0	0	0	0	0	0	0	1	0
辽宁	1	1	0	0	0	0	0	0	0	0	0	1	0
吉林	1	1	0	0	0	0	0	0	0	0	0	1	0
黑龙江	0	1	0	0	0	0	0	0	0	0	0	1	0
上海	1	1	0	0	0	0	1	0	0	0	0	0	0
江苏	1	1	0	0	0	0	1	0	0	0	0	0	0

（续）

地区	日本	韩国	马来西亚	菲律宾	新加坡	泰国	美国	加拿大	英国	法国	德国	俄罗斯	澳大利亚
浙江	1	1	0	0	0	0	1	0	0	0	0	0	0
安徽	1	1	0	0	0	0	1	0	0	0	0	0	0
福建	1	0	1	0	1	0	1	0	0	0	0	0	0
江西	1	1	0	0	0	0	1	0	0	0	0	0	0
山东	1	1	0	0	0	0	0	0	0	0	0	0	0
河南	1	1	1	0	0	0	1	0	0	1	1	0	0
湖北	1	0	0	0	0	0	1	0	1	1	1	0	1
湖南	1	1	0	0	0	0	1	0	0	0	0	0	0
广东	1	0	0	0	0	0	1	0	0	0	0	0	0
广西	1	0	1	0	0	0	1	0	0	0	0	0	0
海南	1	1	1	0	1	0	0	0	0	0	0	1	0
重庆	1	0	0	0	0	0	1	0	1	0	1	0	0
四川	1	1	0	0	1	0	1	0	1	0	0	0	0
贵州	1	1	1	0	1	0	1	0	1	0	0	0	0
云南	1	1	1	0	1	1	0	0	0	0	0	0	0
西藏	1	0	0	0	0	0	1	0	0	0	1	0	0
陕西	1	1	0	0	0	0	1	0	1	0	1	0	0
甘肃	1	1	1	0	0	0	1	0	1	0	1	0	0
青海	1	1	0	0	0	0	1	0	1	0	1	0	0
宁夏	1	1	0	0	0	0	1	0	0	0	1	0	0
新疆	0	0	0	0	0	0	0	0	0	0	0	1	0

c 2010 年

地区	日本	韩国	马来西亚	菲律宾	新加坡	泰国	美国	加拿大	英国	法国	德国	俄罗斯	澳大利亚
北京	1	1	0	0	0	0	1	0	0	0	0	0	0
天津	1	1	0	0	1	0	1	0	0	0	0	0	0
河北	1	1	0	0	0	0	1	0	1	0	0	1	0
山西	1	0	0	0	0	0	1	0	0	1	1	0	0
内蒙古	0	0	0	0	0	0	0	0	0	0	0	1	0
辽宁	1	1	0	0	0	0	0	0	0	0	0	1	0
吉林	1	1	0	0	0	0	0	0	0	0	0	1	0

（续）

地区	日本	韩国	马来西亚	菲律宾	新加坡	泰国	美国	加拿大	英国	法国	德国	俄罗斯	澳大利亚
黑龙江	0	1	0	0	0	0	0	0	0	0	0	1	0
上海	1	1	0	0	0	0	1	0	0	0	0	0	0
江苏	1	1	0	0	0	0	1	0	0	0	0	0	0
浙江	1	1	0	0	0	0	1	0	0	0	0	0	0
安徽	1	1	0	0	0	0	1	0	0	0	0	0	0
福建	1	0	1	0	1	0	1	0	0	0	0	0	0
江西	1	1	0	0	0	0	1	0	0	0	0	0	0
山东	1	1	0	0	0	0	0	0	0	0	0	0	0
河南	1	1	0	0	0	0	1	0	0	1	1	0	0
湖北	1	0	0	0	0	0	1	1	1	1	1	0	0
湖南	1	1	0	0	0	0	1	0	0	0	0	0	0
广东	1	0	0	0	0	0	1	0	0	0	0	0	0
广西	1	1	1	0	0	0	1	0	0	1	0	0	0
海南	0	1	0	0	1	0	0	0	0	0	0	1	0
重庆	1	0	0	0	1	0	1	0	0	0	1	0	0
四川	1	1	0	0	0	0	1	0	1	0	0	0	0
贵州	1	1	0	0	1	0	1	0	1	0	0	0	0
云南	1	1	1	0	1	1	0	0	0	0	0	0	0
西藏	1	0	0	0	0	0	1	0	0	0	1	0	0
陕西	1	1	0	0	0	0	1	0	0	0	0	0	0
甘肃	1	1	1	0	0	0	1	0	0	0	0	0	0
青海	1	1	0	0	1	0	1	0	1	0	1	0	0
宁夏	1	0	0	0	0	0	1	0	0	0	1	0	0
新疆	1	0	0	0	0	0	1	0	0	0	0	1	0

d. 2011 年

地区	日本	韩国	马来西亚	菲律宾	新加坡	泰国	美国	加拿大	英国	法国	德国	俄罗斯	澳大利亚
北京	1	1	0	0	0	0	1	0	0	0	0	0	0
天津	1	1	0	0	0	0	1	0	0	0	0	0	0
河北	1	1	0	0	0	0	1	0	1	1	1	1	0
山西	1	1	0	0	0	0	1	0	0	1	1	0	0

（续）

地区	日本	韩国	马来西亚	菲律宾	新加坡	泰国	美国	加拿大	英国	法国	德国	俄罗斯	澳大利亚
内蒙古	0	0	0	0	0	0	0	0	0	0	0	1	0
辽宁	1	1	0	0	0	0	0	0	0	0	0	1	0
吉林	1	1	0	0	0	0	0	0	0	0	0	1	0
黑龙江	1	1	0	0	0	0	0	0	0	0	0	1	0
上海	1	1	0	0	0	0	1	0	0	0	0	0	0
江苏	1	1	0	0	0	0	1	0	0	0	1	0	0
浙江	1	1	0	0	0	0	1	0	0	0	0	0	0
安徽	1	1	0	0	0	0	1	0	0	0	0	0	0
福建	1	0	1	0	1	0	1	0	0	0	0	0	0
江西	1	1	0	0	0	0	1	0	0	0	0	0	0
山东	1	1	0	0	0	0	0	0	0	0	0	0	0
河南	1	1	0	0	0	0	1	0	0	0	0	0	0
湖北	1	0	0	0	0	0	1	1	1	1	1	0	0
湖南	1	1	0	0	0	0	1	0	0	0	0	0	0
广东	1	0	0	0	0	0	1	0	0	0	0	0	0
广西	0	1	1	0	0	0	1	0	0	0	0	0	0
海南	0	0	0	0	1	0	0	0	0	0	0	1	0
重庆	1	0	0	0	1	0	1	0	0	1	1	0	0
四川	1	1	0	0	1	0	1	0	1	0	0	0	0
贵州	1	0	0	0	1	0	1	0	1	0	0	0	0
云南	0	1	1	0	1	1	0	0	0	0	0	0	0
西藏	0	0	0	0	0	0	1	0	0	0	1	0	0
陕西	1	1	0	0	0	0	1	0	0	0	0	0	0
甘肃	1	1	1	0	0	0	1	0	0	0	0	0	0
青海	1	0	0	0	0	0	1	1	1	0	1	0	0
宁夏	1	1	0	0	0	0	1	0	0	0	1	0	0
新疆	0	0	0	0	0	0	0	0	0	0	0	1	0

（续）

e. 2012 年

地区	日本	韩国	马来西亚	菲律宾	新加坡	泰国	美国	加拿大	英国	法国	德国	俄罗斯	澳大利亚
北京	1	1	0	0	0	0	1	0	0	0	0	0	0
天津	1	1	0	0	0	0	1	0	0	0	0	0	0
河北	1	1	0	0	0	0	1	0	1	1	1	1	0
山西	1	1	1	0	0	0	1	0	0	1	1	0	0
内蒙古	0	0	0	0	0	0	0	0	0	0	0	1	0
辽宁	1	1	0	0	0	0	0	0	0	0	0	1	0
吉林	0	1	0	0	0	0	0	0	0	0	0	1	0
黑龙江	0	1	0	0	0	0	0	0	0	0	0	1	0
上海	1	1	0	0	0	0	1	0	0	0	0	0	0
江苏	1	1	0	0	0	0	1	0	0	0	1	0	0
浙江	1	1	0	0	0	0	1	0	0	0	0	0	0
安徽	1	1	0	0	0	0	1	0	0	0	0	0	0
福建	1	0	1	0	1	0	1	0	0	0	0	0	0
江西	0	1	0	0	0	0	1	0	0	0	0	0	0
山东	1	1	0	0	0	0	1	0	0	0	0	0	0
河南	1	1	0	0	0	0	1	0	0	0	0	0	0
湖北	1	0	0	0	0	0	1	1	1	1	1	0	0
湖南	1	1	1	0	0	0	1	0	0	0	0	0	0
广东	1	0	0	0	0	0	1	0	0	0	0	0	0
广西	0	1	1	0	0	0	1	0	0	0	0	0	0
海南	0	0	1	0	1	0	0	0	0	0	0	1	0
重庆	1	0	0	0	1	0	1	0	0	0	1	0	0
四川	1	1	0	0	1	0	1	0	1	0	0	0	0
贵州	1	1	0	0	1	0	1	0	1	1	0	0	0
云南	0	1	1	0	1	1	0	0	0	0	0	0	0
西藏	0	0	0	0	0	0	1	0	0	0	1	0	0
陕西	1	1	0	0	0	0	1	0	0	0	0	0	0
甘肃	1	1	0	0	0	0	1	0	0	1	0	0	0
青海	1	0	1	0	0	0	1	1	1	1	1	0	0
宁夏	1	1	0	0	0	0	1	0	0	0	1	0	0
新疆	0	0	0	0	0	0	1	0	0	0	0	1	0

（续）

f. 2013 年

地区	日本	韩国	马来西亚	菲律宾	新加坡	泰国	美国	加拿大	英国	法国	德国	俄罗斯	澳大利亚
北京	1	1	0	0	0	0	1	0	0	0	1	0	0
天津	1	1	0	0	0	0	1	0	0	0	0	0	0
河北	1	1	0	0	0	0	1	0	1	0	1	1	0
山西	0	1	0	0	1	0	1	0	0	1	0	0	0
内蒙古	0	0	0	0	0	0	0	0	0	0	0	1	0
辽宁	1	1	0	0	1	0	0	0	0	0	0	1	0
吉林	0	1	0	0	0	0	0	0	0	0	0	1	0
黑龙江	0	1	0	0	0	0	0	0	0	0	0	1	0
上海	1	1	0	0	0	0	1	0	0	0	0	0	0
江苏	1	1	0	0	0	0	1	0	0	0	0	0	0
浙江	1	1	0	0	0	0	1	0	0	0	0	0	0
安徽	1	1	0	0	0	0	1	0	0	0	0	0	0
福建	1	0	1	0	1	0	1	0	0	0	0	0	0
江西	0	1	0	0	0	0	1	0	1	0	0	0	0
山东	1	1	0	0	0	0	1	0	0	0	0	0	0
河南	1	1	0	0	0	0	1	0	0	1	1	0	0
湖北	1	0	0	0	0	0	1	1	1	1	1	0	0
湖南	0	1	1	0	0	0	1	0	1	0	0	0	0
广东	1	1	1	0	0	0	1	0	0	0	0	0	0
广西	0	1	1	0	1	0	0	0	0	0	0	0	0
海南	0	0	0	0	1	0	0	0	0	0	0	1	0
重庆	1	1	0	0	1	1	1	0	0	0	1	0	0
四川	1	1	1	0	1	0	1	0	1	0	0	0	0
贵州	1	1	1	0	1	0	1	0	1	1	0	0	0
云南	0	1	1	0	1	1	0	0	0	0	0	0	0
西藏	0	0	0	0	0	0	1	0	0	0	1	0	0
陕西	0	1	0	0	0	0	1	0	0	0	0	0	0
甘肃	1	1	1	0	0	0	1	0	0	0	0	0	0
青海	1	1	0	0	0	0	1	0	1	1	0	0	0
宁夏	1	1	1	0	0	0	1	0	0	0	0	0	0
新疆	0	0	0	0	0	0	0	0	0	0	0	1	0

（续）

g. 2014 年

地区	日本	韩国	马来西亚	菲律宾	新加坡	泰国	美国	加拿大	英国	法国	德国	俄罗斯	澳大利亚
北京	1	1	0	0	0	0	1	0	0	0	1	0	0
天津	1	1	0	0	0	0	1	0	0	0	0	0	0
河北	1	1	0	0	0	0	0	0	0	0	0	1	0
山西	0	1	0	0	0	0	1	0	0	1	0	0	0
内蒙古	0	0	0	0	0	0	0	0	0	0	0	1	0
辽宁	1	1	0	0	0	0	0	0	0	0	0	1	0
吉林	0	1	0	0	0	0	0	0	0	0	0	1	0
黑龙江	0	1	0	0	0	0	0	0	0	0	0	1	0
上海	1	1	0	0	0	0	1	0	0	0	0	0	0
江苏	1	1	0	0	0	0	1	0	0	0	0	0	0
浙江	1	1	1	0	0	0	1	0	0	0	0	0	0
安徽	1	1	0	0	0	0	1	0	0	0	0	0	0
福建	1	0	1	0	1	0	1	0	0	0	0	0	0
江西	0	1	0	0	0	0	1	0	0	0	0	0	0
山东	1	1	0	0	0	0	1	0	0	0	0	0	0
河南	1	1	0	0	0	0	0	0	0	0	0	0	0
湖北	1	0	0	0	0	0	1	0	1	1	1	0	0
湖南	1	1	0	0	0	0	1	0	1	0	0	0	0
广东	1	1	0	0	0	0	1	0	0	0	0	0	0
广西	0	1	1	0	1	0	0	0	0	0	0	0	0
海南	0	0	1	0	1	0	1	0	0	0	0	1	0
重庆	1	1	0	0	1	1	1	0	0	0	0	0	0
四川	1	1	0	0	1	0	1	0	1	0	0	0	0
贵州	1	1	0	0	1	0	1	0	1	1	0	0	0
云南	0	1	1	0	1	1	0	0	0	0	0	0	0
西藏	0	0	0	0	0	0	1	0	0	0	1	0	0
陕西	1	1	0	0	0	0	1	0	0	0	0	0	0
甘肃	1	1	1	0	1	0	1	0	0	0	0	0	1
青海	1	1	1	0	1	0	1	0	1	1	1	0	0
宁夏	1	1	0	0	0	0	1	0	0	0	1	0	0
新疆	0	0	0	0	0	0	0	0	0	0	0	1	0

（续）

h. 2015 年

地区	日本	韩国	马来西亚	菲律宾	新加坡	泰国	美国	加拿大	英国	法国	德国	俄罗斯	澳大利亚
北京	1	1	0	0	0	0	1	0	0	0	1	0	0
天津	1	1	0	0	0	0	1	0	0	0	0	0	0
河北	1	1	0	0	0	0	0	0	0	0	0	1	0
山西	0	1	0	0	0	0	1	0	0	1	0	0	0
内蒙古	0	0	0	0	0	0	0	0	0	0	0	1	0
辽宁	1	1	0	0	0	0	0	0	0	0	0	1	0
吉林	0	1	0	0	0	0	0	0	0	0	0	1	0
黑龙江	0	1	0	0	0	0	0	0	0	0	0	1	0
上海	1	1	0	0	0	0	1	0	0	0	0	0	0
江苏	1	1	0	0	0	0	1	0	0	0	0	0	0
浙江	1	1	0	0	0	0	1	0	0	0	0	0	0
安徽	0	1	0	0	0	0	1	0	0	0	0	0	0
福建	1	1	1	0	1	0	1	0	0	0	0	0	0
江西	0	1	0	0	0	0	1	0	0	0	0	0	0
山东	1	1	0	0	0	0	1	0	0	0	0	0	0
河南	1	1	0	0	0	0	1	0	0	0	0	0	0
湖北	1	0	0	0	0	0	1	0	1	1	1	0	0
湖南	0	1	0	0	0	0	1	0	0	0	0	0	0
广东	1	1	0	0	0	0	1	0	0	0	0	0	0
广西	0	1	1	0	1	0	0	0	0	0	0	0	0
海南	0	1	1	0	1	0	1	0	0	0	0	1	0
重庆	1	1	0	0	0	1	1	0	0	0	0	0	0
四川	1	1	1	0	1	0	1	0	1	0	0	0	0
贵州	1	1	0	0	0	0	1	0	1	1	0	0	0
云南	0	1	1	0	1	1	1	0	0	1	0	0	0
西藏	0	0	0	0	1	0	1	1	0	1	1	0	0
陕西	0	1	0	0	0	0	1	0	1	0	1	0	0
甘肃	1	1	1	0	1	1	1	0	0	0	0	0	0
青海	1	1	0	0	0	0	1	0	1	0	1	0	0
宁夏	1	1	0	0	0	0	1	0	0	0	0	0	0
新疆	0	0	0	0	0	0	0	0	0	0	0	1	0

（续）

i. 2016 年

地区	日本	韩国	马来西亚	菲律宾	新加坡	泰国	美国	加拿大	英国	法国	德国	俄罗斯	澳大利亚
北京	1	1	0	0	0	0	1	0	0	0	1	0	0
天津	1	1	0	0	0	0	1	0	0	0	0	0	0
河北	1	1	0	0	0	0	0	0	0	0	0	1	0
山西	0	1	0	0	0	0	1	0	0	1	0	0	0
内蒙古	0	0	0	0	0	0	0	0	0	0	0	1	0
辽宁	1	1	0	0	0	0	0	0	0	0	0	1	0
吉林	0	1	0	0	0	0	0	0	0	0	0	1	0
黑龙江	0	1	0	0	0	0	0	0	0	0	0	1	0
上海	1	1	0	1	0	0	1	0	0	0	0	0	0
江苏	1	1	0	0	0	0	1	0	0	0	0	0	0
浙江	1	1	0	0	0	0	1	0	0	0	0	0	0
安徽	1	1	0	0	0	0	1	0	0	0	0	0	0
福建	1	1	1	0	1	0	1	0	0	0	0	0	0
江西	1	1	0	0	0	0	1	0	1	0	0	0	0
山东	1	1	0	0	0	0	1	0	0	0	0	0	0
河南	1	1	0	0	0	0	1	0	0	0	0	0	0
湖北	1	1	0	0	0	0	1	1	1	1	1	0	0
湖南	0	1	1	0	0	0	1	0	0	0	0	0	0
广东	1	1	0	0	0	0	1	0	0	0	0	0	0
广西	0	1	1	0	1	0	0	0	0	0	0	0	0
海南	0	1	1	0	1	0	1	0	0	0	0	1	0
重庆	1	1	0	0	0	1	1	0	0	0	0	0	0
四川	1	1	1	0	1	0	1	0	1	0	0	0	0
贵州	1	1	0	0	0	0	1	0	1	1	0	0	0
云南	0	1	0	0	1	1	0	0	0	0	0	0	0
西藏	0	0	1	0	0	0	1	0	0	0	0	0	0
陕西	0	1	0	0	0	0	1	0	1	0	0	0	0
甘肃	1	1	1	0	1	0	1	0	0	0	0	0	0
青海	1	1	0	0	0	1	1	0	0	0	0	0	0
宁夏	1	1	0	0	1	0	1	0	0	0	0	0	0
新疆	0	0	0	0	0	0	0	0	0	0	0	1	0

（续）

j. 2017 年

地区	日本	韩国	马来西亚	菲律宾	新加坡	泰国	美国	加拿大	英国	法国	德国	俄罗斯	澳大利亚
北京	1	1	1	0	0	0	0	1	0	0	0	1	0
天津	1	1	1	0	0	0	0	1	0	0	0	0	0
河北	0	1	1	0	0	0	0	0	0	0	0	0	1
山西	1	0	1	0	0	0	0	1	0	0	1	0	0
内蒙古	0	0	0	0	0	0	0	0	0	0	0	0	1
辽宁	1	1	1	0	0	0	0	0	0	0	0	0	1
吉林	1	0	1	0	0	0	0	0	0	0	0	1	1
黑龙江	1	0	1	0	0	0	0	0	0	0	0	0	1
上海	1	1	1	0	0	0	0	1	0	0	0	0	0
江苏	1	1	1	0	0	0	0	1	0	0	0	0	0
浙江	0	1	1	0	0	0	0	1	0	0	0	0	0
安徽	1	1	1	0	0	0	0	1	0	0	0	0	0
福建	1	1	1	1	0	1	0	1	0	0	0	0	0
江西	0	1	1	0	0	0	0	1	0	1	0	0	0
山东	1	1	1	0	0	0	0	1	0	0	0	0	0
河南	1	1	1	1	0	0	0	1	1	0	0	0	0
湖北	1	1	1	0	0	0	0	1	1	1	1	1	0
湖南	0	1	1	1	0	0	0	0	0	0	0	0	0
广东	0	1	1	0	0	0	0	1	0	0	0	0	0
广西	0	0	1	1	0	1	0	0	0	0	0	0	0
海南	1	0	1	1	0	0	0	0	0	0	0	0	1
重庆	0	0	0	0	0	1	1	1	1	0	0	0	0
四川	1	1	1	1	0	1	0	1	0	1	0	1	0
贵州	1	0	1	1	0	0	0	1	0	0	0	0	0
云南	0	0	1	0	0	1	1	0	0	0	0	0	0
西藏	0	0	0	0	0	0	0	1	0	0	0	1	0
陕西	1	1	1	0	0	0	0	1	0	1	0	0	0
甘肃	1	1	0	1	0	1	0	1	0	0	0	1	0
青海	0	1	0	0	0	1	0	1	0	0	0	0	0
宁夏	0	1	0	1	0	1	0	1	0	0	0	0	0
新疆	0	0	0	0	0	0	0	0	0	0	0	0	1

具体来看，不同客源国的入境游客选择前往不同的目的地激发了客源国和目的地的互动，促使二者相互关联起来，最终呈现出中国入境旅游流网络形态具备二模网络结构特征。从各年度看，入境旅游流的流量、流向和流质并不是均匀分布的，致使其连线也不是均匀分布的。在表 4－1a 中，2008 年当入境游客开始实施旅游行为时，日本、韩国、美国等国家入境游客普遍选择北京、上海、山东等绝大多数省份，致使其与很多省份相联系；澳大利亚游客主要选择山西省，致使其只有一条连线；菲律宾、加拿大等国家处孤立状态。从十年动态演变上看，入境旅游流并不是一成不变的，而是在基本稳定中略有波动。从表 4－1a 到表 4－1j 中，中国入境旅游流网络形态从 2008 年到 2017 年间基本稳定，个别国家在个别年份有一定变化。例如，马来西亚、韩国等国家入境游客选择中国省份越来越趋于集中，致使其连线数量逐年增加；美国、德国等国家入境游客选择中国省份越来越趋于多元，致使其连线数量逐年递减。这一结果与中国入境旅游业发展实际状况基本保持一致，可以充分说明中国入境旅游流网络构建的科学性与合理性。同时，它也再次印证了对于任何一个节点来说，入境旅游流网络能够对其产生影响，既可以为其提供机会，又可以限制其发展。因此，衡量一个省份在中国入境旅游市场格局中的功能和地位时，不仅要考虑其市场规模和市场份额，而且要考虑其在关系网络中的位置优劣。

二、中国入境旅游流整体结构分析

在深度刻画中国入境旅游流网络形态演变基础上，本书对各年度中国入境旅游流网络整体结构指标进行计算。

（1）由于本书以入境游客流量均值为切分值进行二值化处理，关系数量越多则说明关联客源国数量越多。从理论上讲，13 个客源国和 31 个目的地间可能存在 403 条连线。现实是，2008—2017 年各省份和各客源国间的连线数量基本稳定在 110 条左右，这些连线构成了中国入境旅游主骨架，也在一定程度上说明入境游客在目的地选择上比较谨慎，近 10 年尚未出现明显波动。

（2）2008—2017 年，中国入境旅游流网络密度比较稳定，最高值 0.30，表明各省份入境游客数量超过平均水平的只占 30%，关系网络整体结构比较松散，境内外旅游合作有较大上升空间。

（3）平均路径长度和直径共同描述了中国入境旅游流网络的连通程度，2008—2017 年，中国入境旅游流网络的平均路径长度和直径都没有稳定性增长，说明境内外连通性几乎没有发生实质性变化。

综上所述，密度、平均最短路径长度、直径等中国入境旅游流网络整体结构指标变化趋势基本保持一致，说明各省份与各客源国的空间关联性比较稳定。而且，上述三个指标数值并不高，说明各省份与各客源国的联系程度有待进一步加强。因此，如何增强吸引力，扩宽市场连线界，是中国入境旅游业未来发展主要着力点（表4-2）。

表4-2　2008—2017年中国入境旅游流网络整体结构指标计算结果

年份	连线	密度	平均最短路径长度	直径
2008	114	0.28	2.30	5
2009	114	0.28	2.32	5
2010	110	0.27	2.28	5
2011	106	0.26	2.39	6
2012	111	0.27	2.31	5
2013	113	0.28	2.37	5
2014	107	0.27	2.34	5
2015	108	0.27	2.37	5
2016	107	0.27	2.37	5
2017	117	0.30	2.33	6

三、中国入境旅游流网络核心边缘聚类分析

利用UCINET软件聚类功能模块，本书对各年度中国入境旅游流网络进行核心边缘分析，其结果是将31个省份划分为核心板块和连线缘板块。

从每一年度上看，中国入境旅游流网络都有三大核心板块，分别是十八省区、青藏高原和京津都市圈，呈现出“三核集聚”特征。从十年动态演变上看，三大核心板块大致都经历了“分散—集聚”演变过程。

（1）京津都市圈。京津都市圈主要包含北京市和天津市，它最初不属于核心板块，2009年才首次成为核心板块之一，并一直保持核心地位。京津都市圈列入核心板块在很大程度上主要取决于两方面原因：一方面，丰富的旅游资源。伴随中国历代封建王朝不断东移，元、明、清等近代王朝先后在北京建都，皇家宫殿建筑群保存最完整，世界文化遗产数全球最多，这使得北京市旅游资源数量、品质和品位都非常有竞争力（Songling et al.，2019）。天津市毗邻北京市，在经济、交通、政治等多方面与北京市联系紧密，有能力将北京市旅游吸引力进行广域延伸。另一方面，不断释放的政策红利。近年，北京市和天津市联合实施了境外游客购物离境退税、144小时过境免签等一系列优惠政策措施，多家旅行社开发了各类特色短期旅游产品，有力推动了入境旅游发展。

（2）青藏高原。青藏高原主要由青海省和西藏自治区组成。该板块自然旅游资源优越，有珠穆朗玛峰、亚鲁藏布大峡谷、察尔汗盐湖等很多知名旅游标记物。同时，该板块人文旅游资源也十分丰富，藏传佛教传播广泛，庙宇、民居、服饰、语言等都非常有地方特色。与其他省相比，青藏高原旅游资源异质性非常强，在全国范围内几乎没有完全替代性旅游产品，这使其占据了绝对竞争优势。2008—2017年，西藏自治区在个别年份中被排除出核心板块，这是因为西藏旅游有特殊性：按照我国相关规定，外国游客进入西藏必须持有进藏批准函，外籍游客进藏旅游限制性在一定程度上造成了西藏旅游的不稳定性。

（3）十八省区。十八省区主要包含江苏、浙江、安徽、江西、湖北、湖南、四川、福建、广东、广西、云南、贵州、河北、河南、山东、山西、陕西以及甘肃。十八省区是我国汉族主要聚集区，汉文化保存十分完整，文化旅游资源十分丰富。同时，上述地区省域面积相对较小，省际交通方便快捷，也进一步加速了板块形成。从动态演变上看，十八省区团组规模有波动性减少。2008—2017年，十八省区从15个核心省份下降至13个，主要原因在于当地的初始旅游资源同质化严重。十八省区同属汉文化集聚区，文化资源禀赋极其相似，很多省份往往会采用复制方法去借鉴其他省份先进经验做法，在短期内快速形成规模化效应。然而，一味地依靠这种方法只会使本土旅游产业开发缺乏本土文化特色，导致同类型、同质化的旅游产品太多，逐步丧失了旅游吸引力。

综上，中国各省份入境旅游业发展并不均衡，其空间分布明显呈现出三大核心板块。这三大板块内部成员省份往往兼具经济发展水平高、国际知名度高、旅游资源丰富等特点，是入境游客首选热门目的地。因此，结合各板块特征，如何将传统的以省域为重点的发展模式向点面发展、邻近发展以及联动发展转变，这是各地政府部门应该重点考虑的（表4-3）。

表4-3　2008—2017年中国核心边缘团组

2008年	核心团组	河南、湖北、河北、山西、广西、福建、重庆、四川、贵州、云南、浙江、安徽、陕西、江西、宁夏、广东、西藏、甘肃、青海
	边缘团组	天津、湖南、北京、辽宁、上海、江苏、黑龙江、内蒙古、海南、吉林、山东、新疆
2009年	核心团组	北京、天津、河北、山西、安徽、海南、重庆、四川、上海、江苏、西藏、福建、青海、宁夏、河南、湖北、云南、陕西、甘肃、贵州
	边缘团组	内蒙古、吉林、黑龙江、湖南、广东、广西、辽宁、江西、山东、新疆

（续）

2010 年	核心团组	北京、天津、河北、山西、广西、福建、重庆、四川、上海、江苏、浙江、安徽、陕西、江西、宁夏、河南、湖北、云南、青海、甘肃、贵州
	边缘团组	辽宁、广东、黑龙江、湖南、西藏、内蒙古、海南、吉林、山东、新疆
2011 年	核心团组	黑龙江、天津、河北、山西、陕西、福建、重庆、宁夏、上海、江苏、浙江、青海、四川、江西、湖南、云南、湖北、甘肃、贵州
	边缘团组	辽宁、广西、广东、河南、内蒙古、北京、西藏、安徽、海南、吉林、山东、新疆
2012 年	核心团组	四川、天津、河北、山西、安徽、辽宁、重庆、四川、上海、江苏、浙江、山东、福建、青海、湖南、宁夏、湖北、甘肃、云南、贵州
	边缘团组	广西、广东、河南、内蒙古、吉林、西藏、陕西、海南、江西、黑龙江、新疆
2013 年	核心团组	北京、天津、河北、山西、广东、辽宁、重庆、四川、上海、云南、浙江、宁夏、福建、江西、甘肃、河南、湖北、贵州、青海
	边缘团组	广西、内蒙古、安徽、黑龙江、湖南、江苏、西藏、陕西、海南、吉林、山东、新疆
2014 年	核心团组	北京、湖北、湖南、山西、安徽、海南、重庆、四川、上海、江苏、浙江、山东、福建、青海、云南、宁夏、贵州、甘肃、陕西
	边缘团组	广东、内蒙古、吉林、河南、天津、河北、西藏、广西、辽宁、江西、黑龙江、新疆
2015 年	核心团组	北京、天津、江苏、广东、陕西、辽宁、重庆、四川、贵州、湖北、浙江、西藏、福建、青海、山东、河南、宁夏、云南、甘肃、海南
	边缘团组	河北、内蒙古、广西、上海、吉林、山西、安徽、湖南、江西、黑龙江、新疆
2016 年	核心团组	北京、天津、江苏、浙江、四川、海南、重庆、江西、上海、湖北、贵州、山东、福建、甘肃、宁夏、青海
	边缘团组	内蒙古、山西、安徽、广西、湖南、广东、河南、河北、云南、西藏、陕西、辽宁、吉林、黑龙江、新疆
2017 年	核心团组	北京、天津、湖北、山西、安徽、福建、江西、四川、上海、贵州、甘肃、广东、陕西、山东、河南
	边缘团组	浙江、河北、湖南、内蒙古、辽宁、吉林、重庆、黑龙江、江苏、云南、西藏、广西、海南、青海、宁夏、新疆

四、入境旅游流二模网络中心性分析

利用 UCINET 软件的中心性功能模块，本书对各年度的中国入境旅游流网络节点的中心性进行计算，并从静态、动态两个角度分别关注 2017 年各省份中心性高低以及近 10 年各省份中心性变化，以期全面有效地评估节点影响力及其变化规律。

1. 中心性静态分析

2017 年各省份中心性计算结果如表 4－4 所示。

表 4－4　中国入境旅游流网络中心性计算结果

省份	度数中心度	中介中心度
湖北	0.62	0.00
四川	0.62	0.00
福建	0.46	0.02
河南	0.46	0.00
甘肃	0.46	0.00
北京	0.39	0.01
陕西	0.39	0.00
天津	0.31	0.00
山西	0.31	0.01
辽宁	0.31	0.00
吉林	0.31	0.00
上海	0.31	0.00
江苏	0.31	0.00
安徽	0.31	0.00
江西	0.31	0.00
山东	0.31	0.00
海南	0.31	0.00
重庆	0.31	0.00
贵州	0.31	0.00
宁夏	0.31	0.00
河北	0.23	0.01
黑龙江	0.23	0.01
浙江	0.23	0.00

（续）

省份	度数中心度	中介中心度
湖南	0.23	0.00
广东	0.23	0.00
广西	0.23	0.00
云南	0.23	0.00
青海	0.23	0.00
西藏	0.15	0.00
内蒙古	0.08	0.00
新疆	0.08	0.00

从横轴上看，度数中心度值最大值为 0.62，对应节点是湖北省和四川省。这两省在客源国联系广泛性上优势明显，这是因为其非常重视二次旅游资源开发利用。湖北省和四川省都隶属十八省区，汉文化旅游资源禀赋十分相似（Wang et al.，2011）。湖北省水资源丰富，开发了长江三峡、神农架溪地等很多水资源特色景观，有力地拉动了客源增长。四川省生物旅游景观独特，大熊猫、金丝猴等中国特有珍稀动物，对外国游客十分具有吸引力。总之，在初始旅游资源禀赋相似情况下，深度开发二次旅游资源，两省为寻求差异化旅游政策提供了借鉴。此外，度数中心度值最小值为 0.08，对应节点是新疆维吾尔自治区和内蒙古自治区。这两地与客源国联系并不广泛，因为在很大程度上是由于其文化旅游资源禀赋决定的（Haq et al.，2010）。以新疆维吾尔自治区为例，当地多是民族聚集区，以伊斯兰教为主的多元化宗教格局必然会失去一部分文化游客，每年上百万穆斯林前往麦加朝觐就是一个很好的例证（Xiao et al.，2013）。

从纵轴上看，中介中心度存在长尾现象，即介数为 0 的节点数量占比较大，极少数节点能够取得中介极大值。其中，中介中心度最大值是 0.02，对应节点是福建省，这说明多个客源国都辐射该省，这是因为福建省地理位置优越，与台湾地区一衣带水，与东南亚隔水相望，很早就有移民移居海外，是中国著名的侨乡。由于外向移民较多，寻根旅游成为福建省特色旅游资源，马来西亚、菲律宾等东南亚国家都会优先选择福建省进行探亲、商务、旅游等活动，从而衍生出中介辐射能力。需要特别注意的是黑龙江省，它不隶属于任何一个核心板块，其高中心性在很大程度上是因为它是入境通商口岸，哈尔滨机场有国际航线 23 条，通达俄罗斯、日本、韩国等国家，地缘市场优势明显（Huang et al.，2008）。同时，该省气候独特，冰雪特色旅游产品在全国范围内很难找到替代性产品，成为热门旅游地。

2. 中心性动态分析

利用 Epanechnikov 核函数，对 2008—2017 年各省份中心性计算结果进行核密度处理，其结果如图 4-1 所示。

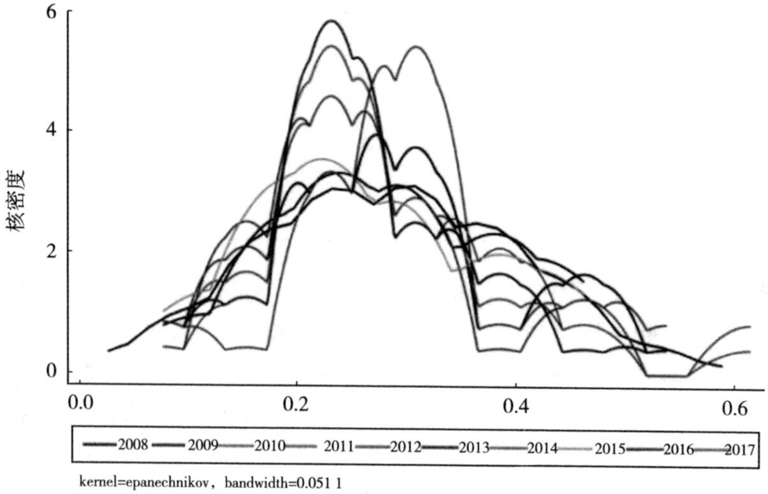

a. 度数中心度

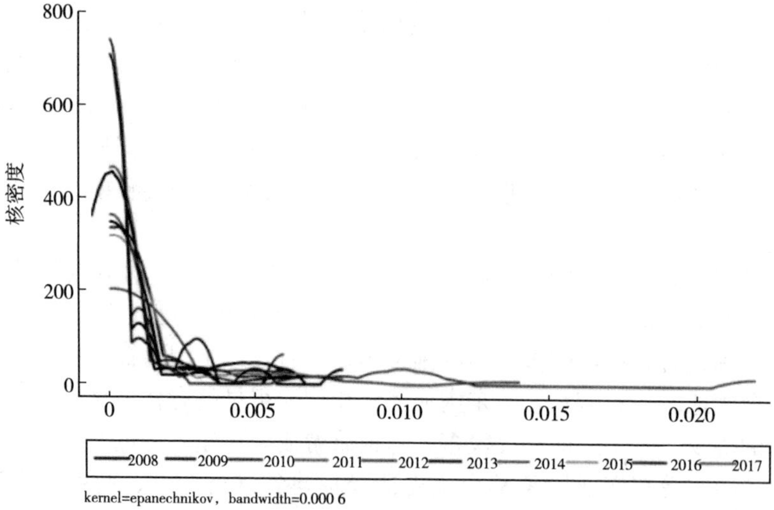

b. 中介中心度

图 4-1　2008—2017 年中国入境旅游流网络中心性核密度计算结果

首先，图 4-1a 显示度数中心度核密度估计最优带宽是 0.051 1，形态呈现"M"形结构，高峰部分由"尖"变"平"，峰尾逐渐扁平，整体向左侧收拢，这说明我国省份的旅游客源国存在梯度分布，且差异较大。这可能与各省份的旅游资源和旅游产业发展程度有关。其次，图 4－1b 显示中介中心度核密度估计最优带宽是 0.000 6，形态整体上是右偏的，波峰较尖，说明少数省份中介中心度值较高，大多数省份中介中心度值较小。从变化趋势上看，峰值在总体上呈下降趋势，最高值出现在 2010 年（峰值大于 700），最小值出现在 2014 年（峰值约为 200），峰值逐年降低。这说明各省份的客源聚集程度降低，区域分散。

综合上述两方面，中国入境旅游流网络中心极化特征明显，表现为一部分省份处于关系网络中心位置，具有高度中心性。一般来说，这些高中心性省份与客源国联系相对广泛，在一定程度上有能力控制入境客流，从而具备了中介辐射功能。需要特别指出的是，无论是度数中心性，还是中介中心性，高中心性节点与中国传统入境旅游省份完全吻合，这是因为节点中心性并非完全取决于入境游客接待量大，而是和其他省份一系列互动关系的多少和强弱。因此，重点关注高中心型省份，优化、引导其成为中国入境旅游新高地，成为我国旅游产业可持续发展的另一关键问题。

第四节　结论与建议

基于 2008—2017 年中国入境旅游面板数据，利用二模网络分析技术，从静态、动态两个角度对中国入境旅游流网络进行演化特征探析：客源国和目的地为节点共同编织的二模关系网络，具有多中心极核、板块集聚、空间关联流动等特征。这为解释中国入境旅游市场格局提供了主要思路，也为实现中国入境旅游市场可持续发展提供了科学合理的定量分析基石。

一、结论

首先，从整体结构上看，2008—2017 年，中国入境旅游流网络关系数量稳定，维持在 110 条左右，其中密度、平均最短路径长度、直径等指标均未出现稳定性增长，一方面，折射出各省份与各客源国关系相对稳定；另一方面，也反映出我国入境游开发不够，缺乏新的增长点和吸引力。

其次，中国入境流网络明显呈现"三核集聚"的板块化特征：十八省区板块、京津都市圈板块和青藏高原板块。不过，2008—2017 年，三大核心板块大致都经历了"分散—集聚"演变过程，这在很大程度上反映出各板块内部成员省份联动效果一般，是此消彼长而非"共赢"的格局，无法充分发挥核心板块集聚优势。因此，如何加强各板块内外部成员省份合作成为我国入境旅游产业发展的一个关键问题。

最后，中国入境旅游流网络存在多中心极核特征，这是自然资源和文化资源高度融合的结果。湖北、四川、福建等省份成为高中心性节点充分说明，即使同属一个文化区域，各地区的迥异的自然风貌以及长期形成的同源文化下的地缘文化差异也能够形成强大的吸引力，与国际旅游市场保持密切联系，最终占据关系网络中心地位。因此，如何充分发挥高中心性省份旅游高地作用是我国旅游产业发展的另一关键问题。

二、启示

中国入境旅游流由游客旅游行为产生，按照流量高低将客源国与目的地逐步编织起来，是典型的流空间。因此，在研究视角选择上，单纯地讨论目的地个体特征、人为割裂客源国和目的地的现实联系已经完全不能满足研究需要，这就必须将客源国、目的地以及二者间关联关系纳入同一个分析框架，才有可能对中国入境旅游市场进行合理抽象。所以，从流空间关系视角出发，以游客空间流动为重点的“关系层面”创新性地构建中国入境旅游流网络，阐释其二模网络本质，能够更好地体现旅游要素空间流动特征。这种视角避免了过去以游客接待人次规模为重点的“个体层面”作为研究角度的局限性。

为更好地贴合中国入境旅游流的二模网络特征，本书利用二模网络分析技术，形象化地展示了中国入境旅游流网络形态，基本符合 Baggio 等（2005）、Provenzano 等（2020）提出的入境旅游市场是一个复杂系统的判定。在中国入境旅游流网络中，核心板块和高中心性省份大多分布在“胡焕庸线”东南部，基本遵循了中国入境旅游“胡焕庸线”空间分布规律（阮文奇，2018）。同时，青藏高原列入核心板块，说明中国旅游流网络有“西进”趋势，在一定程度上印证了王铮的观点（Provenzano et al.，2020）。需要特别指出的是，本书呈现与现有研究成果在高中心性省份确定方面存在差异，其原因在于：新方法强调了目的地与客源国的一系列互动关系的多少和强弱，而非单纯地关注入境游客接待人数这一单一指标，因而新方法能够更合理地考虑更多的客源国，有利于充分挖掘我国旅游市场特征，为我国进一步深挖入境游客的质量和数量创造更科学的依据。

此外，本书在研究数据的阶段性筛选上也比较考究。经梳理中国入境旅游业发展阶段后发现，2008—2017 年，中国入境旅游业受世界经济危机影响，与全球经济同步经历了波动增长、稳步提升两个阶段性特征。当前，中国旅游行业已经开始复苏，入境游客规模增加势必会引发入境旅游流网络结构发生相应改变。为更好地预判中国入境旅游流动态演化规律，本书选取了2008—2017年相关数据进行研究，其最接近目前经济社会环境的低谷和复苏，以期更好地指导中国未来入境旅游产业发展。

三、建议

结合现有研究结论，中国入境旅游业有空间高度关联性，政府有必要将其视为重要决策变量，增强中国入境旅游吸引力，拓展中国入境旅游市场连线界。

第一，着眼于一盘棋整体谋划，释放旅游资源潜力。充分发挥我国风景优美、文化底蕴深厚等优势，重视旅游资源保护、开发和利用，提升入境旅游吸引力。同时，各省份要立足于当地文化旅游资源特点，深入挖掘本土旅游资源优势。以旅游需求为出发点，高度整合“吃、住、行、游、购、娱”等传统旅游要素与“商、养、学、闲、情、奇”等新兴旅游要素，为入境游客提供更精准、更便捷、更个性化的旅游设施和旅游服务，提升各地区旅游供给水平。

第二，从板块结构上看，中国入境旅游业有三大核心板块，依托核心板块经济发展水平高、国际知名度高、旅游资源丰富等优势，将传统的以省域为重点的发展模式逐步转向点面发展、邻近发展以及联动发展。一方面，打破行政连线界，充分利用板块内部省份山水相依、风俗相近、人缘相亲、市场相关、交通相融等优势，串点成线、连线成面，打造资源更丰富、文化更灿烂、交通更便捷、设施更完备、服务更均等、市场更统一的跨省域入境旅游新格局。另一方面，充分发挥不同板块比较优势，积极推动跨板块合作，加强政策互惠、资源互享、客源互送、路线互通、品牌互宣等领域深度合作，有效实现市场对接、交通对接、基础设施对接、管理对接，优化资源跨板块重组，必然会在一定程度上实现优势互补、短板相克，最终实现各地区协同发展。

第三，从中心性上看，高中心省份是入境旅游新高地，旅游产业发展水平遥遥领先于周连线非中心省份，有良好的牵引、支撑以及带动作用。处理两者关系时，中心省份是“纲”，周连线非中心省份是“目”，纲举目张。一方面，做优做强中心省份极核功能，增强中心省份黏性。重视本土旅游资源开发、保护与传承，深入挖掘站位高、叫得响、更精致的本地特色旅游产品，高品质策划、集中力量打造，最大程度地推动本地旅游业又好又快发展。另一方面，依托中心省份中介辐射功能，圈层式推进周连线非中心省份发展。充分挖掘省际旅游资源关联度，打破旅游资源壁垒，引导中心省份优势旅游要素流出，并借助市场力量形成要素迁移涟漪效应，圈层式地流入周连线非中心省份，打通非中心省份发展瓶颈。

第五节　本章小节

利用二模网络技术，构建中国入境旅游流网络，重现全国除香港、澳门、台湾以外的31个省份的13个主要客源国的入境旅游的“多对多”的隶属关系。在此基础上，利用相关指标解析中国入境旅游流网络时空演变规律。首先，从整体结构上看，2008—2017年，中国入境旅游流网络关系数量稳定，维持在110条左右，密度、平均最短路径长度、直径等指标均未出现稳定性增长。其次，中国入境流网络明显呈现“三核集聚”的板块化特征，十八省区板块、京津都市圈板块和青藏高原板块。最后，中国入境旅游流网络存在多中心极核特征。从度数中心度上看，湖北省和四川省度值最高，其在客源国联系广泛性上优势明显；从中介中心度上看，中介中心度存在长尾现象，福建省能够取得中介极大值。因此，着眼于一盘棋整体谋划，释放旅游资源潜力，优化资源跨板块重组，必然会在一定程度上实现优势互补、短板相克，最终实现各地区旅游产业协同发展。

第五章 复杂网络技术挖掘中国跨省域旅游入境游客感知

上一章分析了13个主要客源国和全国除香港、澳门、台湾以外的31个省份的“多对多”的二模网络关系。中国入境游客有多城市旅游特征。对于同一个客源国来说，当入境游客从一个省份前往另一个省份时，两个省份就形成了一种双向、互动的关系，进而在全域范围内呈现出一个特殊的、复杂的、非线性的网络，即俱乐部关系网络。所以，从关系视角出发，以游客空间流动为重点的“关系层面”创新性地构建了中国入境旅游俱乐部关系网络，阐释其复杂网络本质特征，能够更好地体现旅游要素空间流动特征。本书研究的具体目标是：①利用2017年相关统计数据，构建起中国入境旅游俱乐部关系网络，形象展示中国入境游客跨省域旅游市场格局全貌。②利用复杂网络分析技术，深度解析中国入境旅游俱乐部网络结构特征。③利用QAP分析方法，深度解析中国入境旅游俱乐部关系网络形成机理。这些研究信息不仅为预判中国入境旅游业发展趋势提供了科学的定量分析基石，也为指导中国入境旅游业可持续发展提供了合理的参考依据。

第一节 导　　言

相关研究指出，客源国和目的地的文化落差越大，越能够激发游客的好奇心和新鲜感，从而吸引更多外国游客（Richards et al.，2018）。为迎合旅游市场消费趋势，我国入境旅游业应该改变思路，以文化探寻为核心来有效激发游客的内在动机，为入境旅游业长期发展创造良好的行为动机，形成良性循环格局。因此，深度挖掘人文旅游资源，从对山水景物的浅层欣赏逐步转向对历史文化的深度品位，有助于增强我国入境旅游业的国际竞争力。

我国是一个历史文化大国，人文旅游资源十分丰富，无论是长城、故宫、天安门等人文旅游地，抑或是美食、书法、京剧等人文生活场景，都对外国游客有着独特的吸引力。前期研究和实践情况共同表明，中国广袤的地理空间和丰富的旅游资源为入境游客提供了不同的选择，形成了差异化偏好：亚洲、大洋洲等游客更偏好云南、贵州、四川等新兴旅游城市，北美、欧洲等游客更偏好北京、上海、广东等经典旅游城市（李旭等，2014）。这些结论表明了客源国和目的地的文化差异和地理距离会影响入境游客的旅游成本和心理偏好，进而对入境游客旅游行为选择产生重要影响。实际上，客源国和目的地之间存在互动关系，这是前期成果都认可的结论。不过，通过对同一客源国游客的旅游轨迹角度分析，就会发现入境游客从一省份前往另一省份时，就出现了一种全新的另一个层次上的互动关系，即不同目的地省份之间的俱乐部关系，这种全新关系的深入研究对促进入境旅游的发展更具有深远的意义。面向所有客源国，各省份入境游客流动态势在整体上呈现出一个特殊的、复杂的、非线性的网络，即俱乐部关系网络。因此，贴合中国入境游客多城市旅游特征，运用复杂网络分析方法，构建中国入境旅游俱乐部关系网络，挖掘其结构特征并剖析其驱动因素，对提振中国入境旅游、推进省域联动协调发展具有重要的理论意义和现实意义。

第二节　研究设计

本书基础数据主要来自《中国旅游统计年鉴 2017》中“各地区接待外国过夜游客人数统计（按国籍分）”；入境旅游俱乐部关系网络模型主要利用复杂网络分析技术，顺次进行建立隶属关系矩阵、建立多值关系矩阵和多值关系矩阵二值化处理。在此基础上，本书采用节点数、关系数、密度、最短路径长度、直径、核心边缘聚类、中心性等指标对其进行分析，全面解析中国入境旅游俱乐部关系网络结构。进一步利用 QAP 算法，从旅游资源条件、经济发展水平、旅游基础设施、交通便捷程度、地理空间邻近等维度，解析中国入境旅游俱乐部关系网络形成机理。

一、数据来源和数据处理

本书聚焦中国入境旅游俱乐部关系网络，基础数据主要来自《中国旅游统计年鉴 2017》中“各地区接待外国过夜游客人数统计（按国籍分）”。选取 2017 年数据有三点原因：第一，从 2018 年以后，《中国旅游统计年鉴》就暂时停止统计该项指标了。第二，由于该项指标收集难度比较大，目前尚未有调查机构能够提供此类全面、权威、有说服力的统计数据。第三，受新冠疫情影响，全球入境旅游业陷入全面萧条，入境旅游数据已经无法延伸至 2020 年及其以后。

相关数据主要统计了全国除香港、澳门、台湾以外的 31 个省份的 13 个主要客源国的入境旅游人数。从统计数据上看，因各省份接受各入境国游客数量有明显差异，两者便形成了“多对多”的隶属关系。当入境游客自由流动时，因接收其他省流入游客，流入省份和流出省份便相互关联起来，最终在全域范围内形成了入境旅游俱乐部关系网络。可以说，“客源国—目的地”隶属关系网络构成了中国入境旅游俱乐部关系网络的底层框架。基于此，本书对原始数据进行如下处理：

步骤1，隶属关系矩阵 T 的建立。建立隶属关系矩阵是试图明确某一个客源国和某一个省份是否在中国入境旅游市场上建立起了“多对多”的对应关系。设隶属关系矩阵为 T，行代表 g 个省份，列代表 h 个客源国，t_{ij} 代表经客源国 j 入境省份 i 的游客数量。由于涉及两类异质性节点，它是一个 $g \times h$ 二模矩阵。

步骤2，多值关系矩阵 R 的建立。建立多值关系矩阵 R 是试图寻找到各省份间的一一对应的俱乐部关联关系。在隶属关系矩阵 T 中，给定一个客源国 j 和任意两个省份 p 和 q，如果省份 p 和省份 q 都有入境游客来自客源国 j 时，$t_{pj} \times t_{qj}$ 是有值的；当省份 p 和省份 q 中有任意一个省份没有入境游客来自客源国 j 时，$t_{pj} \times t_{qj}$ 是零值。因此，建立多值关系矩阵 R，$R = TT'$。由于多值关系矩阵只包含 g 个省份，r_{ij} 代表省份 i 和省份 j 共享的入境游客数量，它是一个 $g \times g$ 矩阵。

多值关系矩阵 R 的二值化。由于多值关系矩阵 R 是对称矩阵，求取矩阵全部数值均值 r^* 且保留两位小数为切分值，构建 $g \times g$ 布尔矩阵 L。若 $r_{ij} > r^*$，则 $l_{ij} = 1$；反之，则 $l_{ij} = 0$。

二、入境旅游俱乐部关系网络模型构建

在前述数据处理基础上，将省份抽象为节点，将各省份间入境旅游流抽象为边，可以得到入境旅游俱乐部关系网络，记 $G = (V_i, V_j, L)$。其中，向量 $V_i = [v_i]$ $(i=1, 2, \cdots, g)$ 表征入境游客流出省份；向量 $V_j = [v_j]$ $(j=1, 2, \cdots, g)$ 表征入境游客流入省份；布尔矩阵 $L = [l_{ij}]$ $(i=1, 2, \cdots, g; j=1, 2, \cdots, g)$ 表征省际入境旅游流。

三、入境旅游俱乐部关系网络拓扑特性参数分析

从复杂网络理论上看，在入境旅游俱乐部关系网络中，任何一个节点的网络位置都对其地位、角色和功能产生重要影响，这主要取决于它与其他节点的一系列互动关系的多少和强弱（舒波，2010）。本书选取了下述参数从整体结构、聚类情况、中心性三个方面对中国入境旅游俱乐部关系网络进行深度解析。

（1）整体结构分析主要涉及密度（density，简称 De）、直径（diameter，

简称 Di)、最短路径长度(average path length,简称 APL)等参数。①密度。密度是实际关系数量与所有可能关系数量之比,取值范围是 [0, 1],一般用来测量节点联系紧密程度,其数值越大表明各省份联系越紧密(方叶林等,2022)。入境旅游流俱乐部关系网络有 g 个节点,理论上可能关系数量是 $g \times (g-1)$,实际关系数量为 m,其计算公式如公式 5-1 所示。②直径和最短路径长度 L。一对节点间可能有很多条路,用 $d(p,q)$ 表示节点 p 和 q 的最短路径(李磊等,2021)。所有最短路径最大值就是直径 D,任意两个节点的最短路径距离的平均值就是平均最短路径长度 L,它们可以衡量网络通达性,公式分别如公式 5-2 和公式 5-3 所示。

$$De = m/g(g-1) \tag{5-1}$$

$$Di = \max d(p,q) \tag{5-2}$$

$$APL = \frac{1}{n(n-1)}\sum_{i \neq j} dij \tag{5-3}$$

(2)聚类分析主要利用块模型分析方法。White 等(1976)指出,地位是总体分裂成的各个子群。如果两个节点相互替换后,复杂网络整体结构性质并不发生改变,说明这两个节点的关系模式是相同的,其地位是对等的,可以划入同一个子群。现有研究较多地运用块模型来识别地位(庞闻,2012),即将节点划分到地位 B,$B=\{\beta_1, \beta_2, \cdots, \beta_B\}$,通过映射 φ,将节点集合映射为地位集合。其中,地位 β_i 有 k 个节点,β_i 内部的可能关系数量为 $k \times (k-1)$,k 个节点的所有可能关系数量为 $k \times (g-1)$,β_i 的总关系的期望比例为 $k \times (k-1) / k \times (g-1) = (k-1)/(g-1)$。根据 $(k-1)/(g-1)$,可以划分为 4 种地位,分别是净受益板块、净溢出板块、双向溢出板块和经纪人板块。受益板块内部关系比例多,外部关系比例小,对其他板块溢出效应较小。净溢出板块向其他板块成员发送关系较多,向板块内部成员发送关系较少,并且接受外来关系也比较少,致其产生了溢出效应。双向溢出板块对其他板块成员发送关系较多,对板块内部成员发出关系也比较多,但接受外来关系较少,致其有双向溢出效应。经纪人板块内部成员关系数量较少,向其他板块成员既接收关系又发送关系,可以发挥桥梁作用,如表 5-1 所示。

表 5-1 块模型板块分类标准

地位内部关系比例	地位接收关系比例	
	≈ 0	>0
$\geqslant (k-1)/(g-1)$	双向溢出板块	净受益板块
$< (k-1)/(g-1)$	净溢出板块	经纪人板块

(3) 中心性分析。中心性指标主要用来衡量节点影响力。中心性指标有很多，最常见的是度数中心性（degree centrality，简称 DC）和中介中心性（betweenness centrality，简称 BC）（Seok et al.，2021）。前者要统计与某节点相关联的边的数量，若一省份关联很多条边，说明其引流能力很强，有足够能力吸引其他省份入境游客或者向其他省份扩散入境游客。后者主要统计一个节点担任其他任意两个节点之间的最短路径的概率，若一个省份出现在任意两个省份的最短路径上的概率比较高，说明其中介能力比较强，对入境旅游流有很大控制力。度数中心性和中介中心性分别如公式 5-4、公式 5-5 所示，其中，$DC(i)$ 为节点 i 的度数中心度，$BC(i)$ 为节点 i 的中介中心度，$BC(i)$ 为节点 i 参与节点 p 和 q 的最短路径的概率，p、q 不同于 i。

$$DC(i) = \sum_{i=1}^{i=g} d(i) \tag{5-4}$$

$$BC(i) = \sum_{p<q} d_{pq}(i)/d_{pq} \tag{5-5}$$

四、QAP 算法

QAP 算法是二次迭代分配程序（quadratic assignment procedure，简称 QAP），它以矩阵置换为基础，比对两个以上方阵的各个格值，计算出相关系数并对其进行非参数检验。这种方法对自变量矩阵和因变量矩阵的长向量元素进行常规多元回归，然后对因变量矩阵进行行列随机置换后再重新进行回归分析，多次重复，从而对系数值和判定系数 R^2 进行估计，并进一步检验回归系数是否具有显著意义（Wang et al.，2018）。很多学者认为，针对关系数据特点，QAP 算法可以很好地解决多重共线性问题，是复杂网络分析最常见方法之一（王淑佳等，2022）。

第三节 结果与讨论

贴合中国入境游客多城市旅游特征，运用前述研究框架，本书构建中国入境旅游俱乐部关系网络，并挖掘其结构特征并剖析其驱动因素，对提振中国入境旅游、推进省域联动协调发展具有重要的理论意义和现实意义。

一、中国入境旅游俱乐部关系网络的建立

以 2017 年全国除香港、澳门、台湾以外的 31 个省份的入境旅游数据作为基础分析数据，利用 UCINET 软件，构建中国入境旅游俱乐部关系网络，如表 5-2 所示。

表 5-2 中国入境旅游俱乐部网络邻接矩阵

	京	津	冀	晋	蒙	辽	吉	黑	沪	苏	浙	皖	闽	赣	鲁	豫	鄂	湘	粤	桂	琼	渝	川	黔	滇	藏	陕	甘	青	宁	新
京	0	0	0	0	0	1	1	0	1	1	1	1	1	0	1	0	1	1	1	1	0	0	1	0	1	0	1	0	0	0	0
津	0	0	0	0	0	1	0	0	1	0	1	0	0	0	1	0	0	0	1	0	0	0	0	0	0	0	0	0	0	0	0
冀	0	0	0	0	0	0	0	0	0	0	0	0	0	0	0	0	0	0	0	0	0	0	0	0	0	0	0	0	0	0	0
晋	0	0	0	0	0	0	0	0	0	0	0	0	0	0	1	0	0	0	0	0	0	0	0	0	0	0	0	0	0	0	0
蒙	0	0	0	0	0	1	1	1	0	0	0	0	0	0	0	0	0	0	0	0	1	0	0	0	0	0	0	0	0	0	0
辽	1	1	0	0	1	0	1	1	1	1	1	1	1	0	1	1	1	1	1	1	0	0	1	0	1	0	1	0	0	0	0
吉	1	0	0	0	1	1	0	1	1	1	1	1	0	0	1	0	1	1	1	1	0	0	0	0	1	0	1	0	0	0	0
黑	0	0	0	0	1	1	1	0	0	0	0	0	0	0	1	0	0	0	0	0	1	0	0	0	0	0	0	0	0	0	0
沪	1	1	0	0	0	1	1	0	0	1	1	1	1	0	1	1	1	1	1	1	0	1	1	0	1	0	1	0	0	0	0
苏	1	0	0	0	0	1	1	0	1	0	1	1	1	0	1	0	1	1	1	1	0	0	1	0	1	0	1	0	0	0	0
浙	1	1	0	0	0	1	1	0	1	1	0	1	1	0	1	1	1	1	1	1	0	0	1	0	1	0	1	0	0	0	0
皖	1	0	0	0	0	1	1	0	1	1	1	0	1	0	1	1	1	1	1	1	0	0	1	0	1	0	1	0	0	0	0
闽	1	0	0	0	0	1	0	0	1	1	1	1	0	0	1	0	1	1	1	1	0	0	1	0	1	0	1	0	0	0	0
赣	0	0	0	0	0	0	0	0	0	0	0	0	0	0	0	0	0	0	0	0	0	0	0	0	0	0	0	0	0	0	0
鲁	1	1	0	1	0	1	1	1	1	1	1	1	1	0	0	1	1	1	1	1	0	0	1	0	1	0	1	0	0	0	0
豫	0	0	0	0	0	1	0	0	1	0	1	1	0	0	1	0	0	0	1	0	0	0	0	0	0	0	0	0	0	0	0
鄂	1	0	0	0	0	1	1	0	1	1	1	1	1	0	1	0	0	1	1	1	0	0	1	0	1	0	1	0	0	0	0
湘	1	0	0	0	0	1	1	0	1	1	1	1	1	0	1	0	1	0	1	1	0	0	0	0	1	0	0	0	0	0	0
粤	1	1	0	0	0	1	1	0	1	1	1	1	1	0	1	1	1	1	0	1	0	1	1	0	1	0	1	0	0	0	0
桂	1	0	0	0	0	1	1	0	1	1	1	1	1	0	1	0	1	1	1	0	0	0	1	0	1	0	1	0	0	0	0
琼	0	0	0	0	1	0	0	1	0	0	0	0	0	0	0	0	0	0	0	0	0	0	0	0	0	0	0	0	0	0	0
渝	0	0	0	0	0	0	0	0	1	0	0	0	0	0	0	0	0	0	1	0	0	0	0	0	0	0	0	0	0	0	0
川	1	0	0	0	0	1	0	0	1	1	1	1	1	0	1	0	1	0	1	1	0	0	0	0	1	0	1	0	0	0	0
黔	0	0	0	0	0	0	0	0	0	0	0	0	0	0	0	0	0	0	0	0	0	0	0	0	0	0	0	0	0	0	0
滇	1	0	0	0	0	1	1	0	1	1	1	1	1	0	1	0	1	1	1	1	0	0	1	0	0	0	1	0	0	0	0
藏	0	0	0	0	0	0	0	0	0	0	0	0	0	0	0	0	0	0	0	0	0	0	0	0	0	0	0	0	0	0	0
陕	1	0	0	0	0	1	1	0	1	1	1	1	1	0	1	0	1	0	1	1	0	0	1	0	1	0	0	0	0	0	0
甘	0	0	0	0	0	0	0	0	0	0	0	0	0	0	0	0	0	0	0	0	0	0	0	0	0	0	0	0	0	0	0
青	0	0	0	0	0	0	0	0	0	0	0	0	0	0	0	0	0	0	0	0	0	0	0	0	0	0	0	0	0	0	0
宁	0	0	0	0	0	0	0	0	0	0	0	0	0	0	0	0	0	0	0	0	0	0	0	0	0	0	0	0	0	0	0
新	0	0	0	0	0	0	0	0	0	0	0	0	0	0	0	0	0	0	0	0	0	0	0	0	0	0	0	0	0	0	0

如表 5-2 所示，各省份入境旅游俱乐部关系并不是均匀分布的，当大量入境游客从一个目的地省份前往另一个目的地省份时，两个省份间就会形成一

条俱乐部关系；反之，当一个省份从其他省份引入或者向其他省份输送入境游客数量都十分有限时，它就处于孤立地位。例如，西藏、甘肃、青海、宁夏、新疆、河北、江西属孤立节点，孤立节点占比高达26%，这是由于上述8个省份大多是民族聚居地，与传统文化集聚区的旅游要素重叠度低，无法与其他省份有效地形成关联关系。另外，对于任何一个节点来说，中国入境旅游流网络都能够对其产生影响，既可以为其提供机会，又可以限制其发展。因此，在衡量一个省份在中国入境旅游市场格局中的功能和地位时，要考虑其市场规模和市场份额，更要考虑其结构性优势。

二、中国入境旅游俱乐部关系网络整体结构分析

利用UCINET软件，计算节点数、关系数、密度、平均路径长度、直径等参数，如表5-3所示。

表5-3　中国入境旅游俱乐部关系网络整体结构参数计算结果

节点数	关系数	密度	平均路径长度	直径
31	276	0.29	1.54	4

如表5-3所示，31个省份中，实际关系数量为276个（理论上存在最大可能关系数量960个），密度为0.29。参照Mou（2020）、Vu（2015）等相关研究成果，0.29属于低密度，这说明中国入境旅游俱乐部关系网络结构松散，碎片化特征明显。同时，中国入境旅游网络直径为4，平均路径长度为1.54，这说明其整体连通性不强。碎片化和弱连通性均使得一部分地区对另一部分地区的辐射带动能力有限，旅游协同发展有较大上升空间。

三、中国入境旅游俱乐部关系网络聚类情况分析

根据块模型理论，选择最大分割深度为2，收敛标准为0.2，中国入境旅游俱乐部关系网络可以划分为4大板块，如表5-4所示。

表5-4　中国入境旅游俱乐部关系网络块模型分析结果

板块1	净受益板块	北京、湖北、湖南、广东、广西、辽宁、吉林、四川、上海、江苏、浙江、安徽、福建、陕西、山东、云南
板块2	经纪人板块	河南、天津、山西、重庆
板块3	双向溢出板块	内蒙古、黑龙江、海南
板块4	净溢出板块	江西、甘肃、宁夏、贵州、河北、西藏、新疆、青海

（续）

	1	2	3	4	成员数（个）	期望（%）	实际（%）	板块外（个）	板块
板块 1	232	14	0	5	16	50	94	19	净受益
板块 2	14	0	0	0	4	10	0	18	经纪人
板块 3	5	0	0	6	3	7	54	5	双向溢出
板块 4	0	0	0	0	8	23	0	0	净溢出

如表 5－4 所示，中国入境旅游总体呈现出四大板块，其与中国地理区划并未完全保持一致，具体如下。

板块 1：净受益板块。发出关系数 251 个（板块内部关系 232 个），接收关系数 19 个，关系期望比例 50%，关系实际比例 94%，属净受益板块。净受益板块主要成员有 16 个，包括北京、湖北、湖南、广东、广西、辽宁、吉林、四川、上海、江苏、浙江、安徽、福建、陕西、山东以及云南。该板块成员省份普遍具有极佳的自然旅游资源和保存完整的传统文化重要标记物，是入境旅游首选目的地。同时，16 个省份面积相对较小，省际交通快捷，方便入境游客跨省域流动，这也在一定程度上加速了板块的形成。从板块互动上看，该板块集聚了大量的来自其他板块的入境游客，致使其引入效应优于溢出效应，净受益特征十分显著。

板块 2：经纪人板块。发出关系数 14 个（板块内部关系 0 个），接收关系数 18 个，关系期望比例 10%，关系实际比例 0%，既发出关系，也接受关系，属经纪人板块。经纪人板块主要成员有 4 个，包括河南、天津、山西以及重庆。总的来说，该板块成员省份零散分布于净受益板块中，其旅游资源禀赋与净受益板块成员省份相似性极高，主要发挥着桥梁功能。例如，天津市毗邻北京市，大量外国游客从天津入境北京，入境旅游流单向流动明显，这也反映出北京对天津涓滴效应有限。

板块 3：双向溢出板块。发出关系数 11 个（板块内部关系 6 个），接收关系数 5 个，关系期望比例 7%，关系实际比例 45%，属双向溢出板块。双向溢出板块主要成员有 3 个，包括内蒙古、黑龙江和海南。该板块成员为北部以及南部边境省份，是我国主要入境门户，有一定溢出效应。例如，海南省是我国唯一热带旅游度假目的地，海洋文化以及海洋旅游相关产品是其地方性特色旅游资源。近年，海南省实施国际旅游岛政策，对欧洲、美洲、俄罗斯等客源市场吸引力逐步显现，并会将这种吸引力延伸至周边省域。

板块 4：净溢出板块。发出关系数 0 个（板块内部关系 0 个），接收关系数 0 个，关系期望比例 23%，关系实际比例 0%，属净溢出板块。净溢出板块主要成员有 8 个，包括江西、甘肃、宁夏、贵州、河北、西藏、新疆以及青海。该板块绝大多数省份地处西部，高原、盆地、沙漠、山地等自然旅游资源秀美；楼兰古城、藏传佛教、丝绸之路等人文旅游资源丰富，对入境游客有一定吸引力。然而，该板块与其他板块旅游流联系较少，由于缺少游客引流机制，其他板块对其渗透带动能力不足，最终导致其入境游客跨省域流动性不足。

四、中国入境旅游俱乐部关系网络中心性分析

利用 UCINET 软件，对全国除香港、澳门、台湾以外的 31 个省份进行中心性分析，度数中心度和中介中心度的计算结果如表 5-5 所示。

表 5-5　中国入境旅游俱乐部关系网络中心性分析结果

省份	度数中心度	中介中心度	省份	度数中心度	中介中心度
山东	19	35.12	河南	6	0.00
辽宁	19	28.52	天津	5	0.00
上海	18	14.39	黑龙江	5	13.53
广东	18	14.39	内蒙古	4	7.13
浙江	17	4.39	重庆	2	0.00
安徽	16	1.99	海南	2	0.00
江苏	15	0.32	山西	1	0.00
吉林	15	15.54	江西	0	0.00
湖北	15	0.32	河北	0	0.00
北京	15	0.32	西藏	0	0.00
广西	15	0.32	贵州	0	0.00
云南	15	0.32	甘肃	0	0.00
福建	14	0.16	青海	0	0.00
陕西	14	0.16	宁夏	0	0.00
湖南	13	0.08	新疆	0	0.00
四川	13	0.00			

如表 5-5 所示，无论是度数中心度，还是中介中心度，其高中心性省份并未与北京、上海、广东等入境游客规模最大省份保持完全一致，这主要是因为占据入境旅游俱乐部关系网络中心地位的唯一决定条件并非入境游客接待量

大，而是其和其他省份的一系列互动关系的多少和强弱。

从横轴上看，度数中心度值最大值为19，对应节点是山东省和辽宁省。山东省是儒家文化发祥地，文化旅游资源密集，11个地级市、12个县级市都是中国优秀旅游城市，对外国游客非常具有吸引力。辽宁省气候旅游资源独特，冰雪特色旅游产品在全国范围内很难找到替代品。同时，山东青岛流亭国际机场和辽宁大连周水子国际机场都是中国干线机场，承载北京、上海、广州等大部分入境客流，并逐步向周边省份辐射，使两个省份具有高度中心性，成为中国入境游客集散中心。另一方面，除上述8个孤立节点外，度数中心度值最小值为1，对应节点是山西省。山西省与其他省份入境旅游流联系较少，只依靠山东省才能够“悬挂”于中国入境旅游俱乐部关系网络中，一旦阻断这条联系，山西省很有可能会成为孤立节点，从整个网络中游离出来，这是因为山西省的山势水系形成了天然屏障，交通通达性不高，影响了其与其他省份的联动发展。

从纵轴上看，中介中心度存在长尾现象，即度值为0的节点数量占比最大，极少数节点能够取得极大值。其中，中介中心度值最高的省份是山东、辽宁、吉林、上海和广东。上述省份是我国主要出入境门户省份，特别是中西部省份只有经其才能与其他省份建立起联系，这使得上述省份在某种意义上充当着“旅游通道”，从而衍生出强大的中介辐射能力。另外，大部分省份的中介中心度度值为0，说明这些省份引入入境游客在很大程度上需要依靠高中心性省份的渗透和带动，其独立发展能力比较弱。

中心性的高低揭示了不同省份影响力的强弱，各省份应该找到自身强弱项，有针对性地做到扬长避短。从总体上看，如何将传统的以省域为重点的发展模式转向点面发展、邻近发展以及联动发展，这是有关部门应该重点考虑的。

五、中国入境旅游俱乐部关系网络形成机理分析

1. 变量选取

一国（地区）旅游业受多因素综合作用，旅游资源禀赋、经济开放程度、旅游基础设施、政治稳定性都能够有效地促进旅游业可持续发展。其中，旅游资源是旅游业发展的关键变量，地貌、水文、气候等自然旅游资源以及文化传统、民情风俗、体育娱乐等人文旅游资源都会对旅游业产生显著影响。一般来说，入境游客消费力强劲，精神文化需求强烈，这对我国入境旅游业发展提供了方向。我国是一个历史文化大国，文化体验是外国游客选择来华旅游的最突出的考虑因素，探索历史文化、游览博物馆以及观看演绎项目是外国游客来华

旅游的常见形式。因此，利用外国游客入境足迹向国际社会输出中国文化、发出中国声音、证实中国模式成为营销中国的主要路径。

综合前述研究成果，由中国入境旅游俱乐部关系网络具体特征出发，从旅游资源条件、经济发展水平、旅游基础设施、交通便捷程度、地理空间邻近等维度，选取了 12 个变量作为解释变量，具体如下：

（1）旅游资源禀赋。中国旅游资源十分丰富，不同类型、不同等级的旅游资源对入境游客的吸引力是不同的。从块模型分析结果上看，有文化相似性的省份往往隶属于同一个板块，据此可以推测出文化要素有可能会影响到俱乐部关系的形成。鉴于此，本书将旅游资源进一步分解为自然旅游资源和人文旅游资源。前者的丰裕度、品质度、集聚度等都能够对入境游客产生强大的吸引力，本书选取了 A 级景区数量（单位：个）来衡量各省份自然旅游资源差异。后者主要包含以“儒、释、道”为代表的中国传统文化。儒是儒家，是中国古老意识形态；释是佛家，是中国主要宗教之一；道是道教，是中国本土宗教（Zhou et al.，2018）。为衡量各省份“儒”“释”“道”三家人文旅游资源差异，本书分别选取了文物藏品数量（单位：件）、每百万人寺庙拥有数量（单位：个）、每万平方千米道观建筑数量（单位：个）。需要指出的是，某些个别旅游地有可能既是自然旅游资源，又是人文旅游资源，由于这种重合度恰好体现了其重要性，故不对其进行特别处理。

（2）经济发展水平。入境旅游业是一项休闲产业，只有当一国（地区）经济发展到一定阶段后，才有能力进行旅游资源开发、旅游基础设施建设以及旅游产业转型升级。同时，入境旅游业是一项外向型产业，与一国（地区）对外开放水平联系密切。一国（地区）经济外向度越高，签证政策、通关措施、证件使用、移动支付、在线预订、语言交流便利程度等都会相应提高，进一步带动其入境旅游产业整体发展水平。此外，入境旅游业发展水平的高低还取决于一国（地区）国际旅游产业发展氛围的优劣，良好的国际旅游产业氛围可以有效地带动当地入境旅游业发展。因此，本书分别选取 GDP（单位：亿元）、外商直接投资额（单位：亿美元）、进口额（单位：万美元）和国际旅游外汇收入（单位：亿美元）来度量各省份经济总量、经济外向度以及国际旅游产业发展氛围。

（3）旅游基础设施。旅游基础设施是为适应游客需要而建设的各种物质设施的总和，它是一国（地区）入境旅游业发展的重要支撑。一般来说，旅游基础设施主要包含旅游接待设施、旅游交通设施以及旅游服务。①旅游接待设施。主要为入境游客提供膳食、住宿等基础性服务，为入境旅游经营活动提供必需的物质条件，其数量、规模和星级是衡量一国（地区）入境旅游接待能力的重要指标。②旅游交通设施。其完善程度能够缩短游客旅途时间和增强游客旅途体验，从而有效地带动旅游产业发展。③旅游服务。主要是指旅行社，其从业人员素质直接决定了游客体验。因此，本书分别选取了限额以上住宿业法人企业个数（单位：个）、铁路运输线路里程数（单位：千米）、旅行社从业人员数（单位：人）来衡量各类旅游基础设施建设水平。

（4）地理空间邻近。地理空间相邻性对一国（地区）入境旅游产业的影响主要体现在：一方面，地理空间邻近性使得各省份距离相对较短，方便入境游客跨省域流动；另一方面，地理空间邻近性往往使相邻省份旅游资源极其相似，这在一定程度上会影响入境游客的旅游目的地的选择。因此，本书选取省会距离（单位：千米）来衡量各省份地理空间邻近性。

2. 数据来源

上述数据主要来自《中国统计年鉴2018》《中国文化文物和旅游统计年鉴2018》《中国宗教研究年鉴2018》以及《中国旅游统计年鉴》、中国经济数据库、中国宏观经济数据库等。特别地，根据中国入境旅游俱乐关系网络数据特点，需要对解释变量进行矩阵化处理，构建各变量差值矩阵。

3. QAP 回归结果

利用 UCINET 软件，选择 5 000 次随机置换，对中国入境旅游省际俱乐部关系网络进行 QAP 回归分析，其结果如表 5-6 所示。

表 5-6　中国入境旅游俱乐部关系网络 QAP 分析结果

		非标准化回归系数	标准化回归系数	显著性	概率 1	概率 2
	截距	0.349	0.000			
旅游资源禀赋	A 级旅游景区数量	0.114	0.121	0.044	0.044	0.956
	文物藏品数量	0.061	0.064	0.255	0.255	0.745
	每百万人寺庙拥有数量	−0.153	−0.138	0.093	0.907	0.093
	每万平方千米道观建筑数量	0.137	0.140	0.060	0.060	0.940
经济发展水平	GDP	−0.081	−0.085	0.145	0.855	0.145
	外商直接投资额	0.142	0.138	0.163	0.163	0.837
	进口额	0.135	0.123	0.186	0.186	0.814
	国际旅游外汇收入	−0.125	−0.123	0.093	0.907	0.093
旅游基础设施	限额以上住宿业法人企业个数	−0.148	−0.159	0.015	0.985	0.015
	铁路运输线路里程数	−0.194	−0.208	0.003	0.997	0.003
	旅行社从业人员数	0.141	0.149	0.052	0.052	0.948
地理空间邻近	省会距离	−0.111	−0.121	0.050	0.950	0.050

模型拟合结果：R^2=0.202；调整后的 R^2=0.192；概率 0.000；样本体系 930。

QAP 回归分析结果表明，上述影响因子可以解释中国入境旅游俱乐部关系网络形成的 20%，整体拟合效果较好（杨玉英等，2020），模型有较强解释力。具体如下：

（1）旅游资源条件。旅游资源条件对中国入境旅游俱乐部关系网络形成影响显著，需要特别关注的是，不同类型的旅游资源对其影响是不同的。其中，A 级旅游景区数量的回归系数在 5%水平上显著，说明自然旅游资源对入境旅游俱乐部关系形成产生了显著影响。每万平方千米道观建筑数量的回归系数在 10%水平上正向显著，其原因是道教门派林立，游客希望更多地接触到道教不同门派，各省份道教文化差异会促进入境旅游俱乐部关系形成。与道教文化不同，每百万人寺庙拥有数量的回归系数在 10%水平上负向显著，其原因是佛教有三大体系，各体系佛教文化相对稳定，各省份佛教文化资源差异相对较小，其佛教文化资源相似性会抑制入境旅游俱乐部关系网络形成。与“佛”“道”两家不同，儒家文化资源对入境旅游俱乐部关系网络的形成并没有显著性影响，这在很大程度上是因为儒家文化是中国文化主流，在社会生活、精神生活、物质生活等方方面面均有体现，特殊符号化表征物很少。

（2）经济发展水平。国际旅游外汇收入的回归系数在 10%水平上显著。一般来说，入境游客希望在有限时间内游览有代表性的目的地，他们往往会选择入境旅游发展氛围良好、旅游产业基础雄厚、旅游特色鲜明的经典旅游城市。因此，两省份国际外汇收入差距越大则越不利于两省份之间形成入境旅游俱乐关系。

（3）旅游基础设施。旅游基础设施对中国入境旅游俱乐部关系形成有显著影响，铁路运输线路里程数、限额以上住宿业法人企业个数以及旅行社从业人员数的回归系数分别在 1%、1%和 5%水平上正向显著，说明了旅游接待设施、旅游交通设施以及旅游服务等完善程度有利于促进入境旅游俱乐部关系网络，这在一定程度上反映出旅游基础设施有“门当户对”的特征，减少各省份旅游基础设施差距将有利于促进入境游客跨省份流动。

（4）地理空间临近。省会空间距离的回归系数在 5%水平上负向显著，说明各省份地理空间距离相近不利于入境旅游俱乐部关系网络形成，反映出各省份入境旅游不存在“近水楼台先得月”现象，有必要深入挖掘本省份异质性旅游资源，特别是与相邻省份的旅游资源的差异。

总之，基于入境旅游产业空间高度关联特性，必须从旅游资源条件、经济发展水平、旅游基础设施、交通便捷程度、地理空间邻近等因素入手，充分考量这些因素对中国入境俱乐部关系网络形成产生的不同程度的影响，才能明确入境“共赢”政策的执行难点和关键点，提高相关制度政策设计的科学性和可行性，最终实现我国入境旅游业的可持续发展。

第四节　结论与建议

本书利用复杂网络分析技术，深入探讨了中国入境旅游俱乐部关系网络的空间关联、板块集聚、多中心极核等特征，并揭示了其形成机理。在此基础上，本书认为，提升中国入境旅游可以从两方面入手：一是充分利用空间关联特性，推动区域联动发展；二是全面促进文化复兴，培养入境旅游内生动力。

一、结论

基于 2017 年相关面板数据，利用二模网络分析技术，深入阐明中国入境旅游俱乐部关系网络的空间关联、板块集聚、多中心极核等特征，揭示中国入境旅游俱乐部关系网络形成机理，不仅能够提高学术界对中国入境旅游省际关联特征的理论认识，而且能够辅助中国入境旅游省际联动发展政策制定。

首先，从中国入境旅游俱乐部关系网络结构上看，31 个省份间存在 276 条关联关系，密度仅为 0.29。低密度属性说明中国入境旅游俱乐部关系网络碎片化特征明显，一部分地区对另一部分地区的辐射带动能力有限。尤其是西藏、甘肃、青海、宁夏、新疆、河北、江西、贵州等 8 个省份相对孤立，从其他省份流入或者向其他省份输出的入境游客数量都十分有限，这对于中国入境旅游产业协同发展会产生不利影响。其次，中国入境旅游俱乐部关系网络板块集聚特征明显，主要有 4 个板块：第一个板块成员有 16 个，包括北京、湖北、湖南、广东、广西、辽宁、吉林、四川、上海、江苏、浙江、安徽、福建、陕西、山东以及云南，集聚了大量来自其他板块的入境旅游流，属净受益板块。第二个板块成员有 4 个，包括河南、天津、山西以及重庆，为净受益板块充当“桥梁”，属经纪人板块。第三个板块成员有 3 个，包括内蒙古、黑龙江和海南，从其他省份引入且向其他省份输出入境游客流，属双向溢出板块。第四个板块成员有 8 个，包括江西、甘肃、宁夏、贵州、河北、西藏、新疆以及青海，均为孤立节点，属净溢出板块。四大板块联动发展，如何使其产生联动效果成为我国旅游产业实现共赢发展的关键问题。最后，中国入境俱乐部关系网络呈现出中心极化特征，山东、辽宁、吉林、上海、广东 5 个高中心性省份引流作用明显，可以实现入境游客跨省域流动。同时，上述 5 个省份并未与中国入境旅游人数最多省份完全保持一致，这主要是因为成为高中心性省份的唯一决定条件是本省份和其他省份的一系列互动关系的多少和强弱。因此，如何充分发挥高中心关联优势成为我国旅游产业发展的另一关键问题。

另外，从中国入境旅游俱乐部关系网络形成机理上看，它是一系列因素共同作用的结果。首先，不同类型的旅游资源对其影响是不同的，较之于自然旅游资源的正向显著影响，人文旅游资源的影响机理更加复杂。“儒”“释”“道”三种文化对其形成产生了不同方向、不同程度的影响，这是因为儒家高度融合了佛教和道教的思想精髓，成为中国传统文化的核心，已经全方位渗透到全社会生活方方面面。较之于“儒”家思想，“释”“道”两种文化还是有较大差异的，其影响必然是不同的，这也为下一步深入研究提供了方向。其次，各省份之间的国际旅游外汇收入的相似性对其形成有正向显著影响，说明塑造良好的入境旅游发展氛围、厚植旅游产业基础、挖掘旅游特色有助于一省份从其他省份引入入境游客，最终在两省份之间形成入境旅游俱乐关系。再次，各省份之间的旅游接待设施、旅游交通设施以及旅游服务的相似性有利于形成入境旅游俱乐部关系网络，这在一定程度上反映出旅游基础设施有“门当户对”特征。最后，各省份之间的地理空间距离的相近性不利于入境旅游俱乐部关系网络形成，反映出各省份入境旅游产业不存在“近水楼台先得月”现象。

二、讨论

中国入境游客有多城市旅游特征。对于同一个客源国来说，当入境游客从一个省份前往另一个省份时，两个省份就形成了一种双向、互动的关系，进而在全域范围内呈现出一个特殊的、复杂的、非线性的网络，即俱乐部关系网络。因此，在研究视角选择上，单纯地讨论目的地个体特征、人为地割裂省际联系已经完全不能满足研究需要。所以，从关系视角出发，以游客空间流动为重点的“关系层面”创新性地构建中国入境旅游俱乐部关系网络，阐释其复杂网络本质特征，能够更好地体现旅游要素空间流动特征。这种视角避免了过去以游客接待人次规模为重点的“个体层面”作为研究角度的局限性。

贴合入境旅游省际关联特征，本书利用复杂网络分析技术，形象化地展示了中国入境旅游俱乐部关系网络形态，实证了 Baggio 等（2005）、Provenzano 等（2020）等学者提出的入境旅游市场是一个复杂系统的判定。在中国入境旅游俱乐部关系网络中，西藏、甘肃、青海、宁夏、新疆、河北、江西、贵州 8 个孤立省份大多分布于“胡焕庸线”西北部，基本遵循了中国入境旅游“胡焕庸线”空间分布规律。同时，中国入境旅游四大板块及其定位与相关研究提出的中国东、中、西三大地区差异情况也基本吻合（阮文奇等，2018）。需要特别指出的是，本书呈现与现有研究成果在高中心性省份确定方面存在差异，其原因在于：新方法强调了目的地与客源国的一系列互动关系的多少和强弱，而非单纯地关注入境游客接待人数这一单一指标。由于新方法是从客源国和目的地的“多对多”的互动关系中挖掘省际关联关系，与其他方法相比，它充分考虑到了客源国与目的地的相互影响和相互作用，挖掘出的中心省份更能够反映国际旅游市场认可程度，为我国入境旅游业进一步迎合国际旅游市场需求创造了更多科学依据（王钊等，2020）。

中国入境旅游俱乐部关系网络形成于多因素共同作用。经济发展水平、旅游基础设施、地理空间邻近等因素都会对其形成产生重要影响，与王永明等（2018）、方远平等（2014）、吴良平等（2020）等相关研究结论保持基本一致。本书首次证实了旅游资源禀赋，特别是“儒”“释”“道”文化对其形成产生了不同程度的影响。可以说，保护好、传承好、利用好中华优秀传统文化，夯实入境旅游文化资源的社会认同基石，有利于促进中国入境旅游业健康快速发展。当前，“十四五”旅游业发展规划提出，要在新冠疫情得到有效防控下实施开放入境旅游。在这一方针指导下，提振入境旅游业应该促进传统文化全面复兴，从国家层面构建以中华优秀传统文化为内核的、兼顾不同地域特色文化的多元文化体系，使其成为我国入境旅游产业可持续发展的核心内生动力。

三、建议

中国入境俱乐部关系网络证实了入境旅游产业是空间高度关联性产业，政府有必要将其视为重要决策变量，因地制宜、分类指导各地区联动发展。同时，它形成于多因素共同作用过程中，深度发掘历史悠久、民族众多、文化深厚等人文旅游资源，不断激发外国游客对中华优秀传统文化的长期社会认同，为入境游的可持续发展创造良好的可持续发展基石。

1. 充分利用空间关联特性，推动区域联动发展

第一，从板块结构上看，入境游客更倾向于流入传统文化资源更丰富、国际知名度更高、旅游基础设施更完善的板块，最终使得各版块位置、角色以及功能有明显差异。一方面，应该加强板块内部合作。打破行政边界，充分利用板块内部成员省份山水相依、风俗相近、人缘相亲、市场相关、交通相融等特点，加强政策互惠、资源互享、客源互送、路线互通、品牌互宣等领域深度合作，串点成线、连线成面，打造资源更丰富、文化更灿烂、交通更便捷、设施更完备、服务更均等、市场更统一的跨省域入境旅游新格局。另一方面，应该加强板块外部合作。不同板块的优势资源是不同的，一些板块的项目、资本、技术、人才有比较优势，另一些板块的地方性特色旅游资源有比较优势。充分发挥不同板块的比较优势，积极推动跨板块合作，有效实现各版块的市场对接、交通对接、基础设施对接以及管理对接，优化资源跨板块重组，最终实现各版块优势互补、相辅相成，南北联动、协同发展。

第二，从中心性上看，中心省份是入境旅游的新高地，无论是旅游资源开发，抑或是旅游基础设施建设，甚至是旅游产业培育，均遥遥领先于周边非中心省份，有良好的牵引、支撑以及带动作用。在处理两者关系上，中心省份是“纲”，周边非中心省份是“目”，纲举目张。一方面，做优做强中心省份极核功能，增强中心省份黏性。重视本土旅游资源开发、保护与传承，深入挖掘站位高、叫得响、更精致的本地特色旅游产品，高品质策划、集中力量打造，最大程度地推动本地旅游业又好又快发展。另一方面，依托中心省份中介辐射功能，圈层式推进周边非中心省份发展。充分挖掘各省份间旅游资源关联度，打破旅游资源壁垒，引导中心省份优势旅游要素流出，并借助市场力量形成要素迁移涟漪效应，圈层式地流入周边非中心省份，打通非中心省份发展瓶颈。

2. 全面促进文化复兴，培养入境旅游内生动力

第一，立足文化差异，延伸延长文化旅游产业链条。利用各地区地方特色文化资源，突出重点，抓住亮点，开发适合不同地区的不同文化资源的多元化利用方式，充分释放文化旅游资源潜力。同时，综合“吃、住、行、游、购、娱”等传统旅游要素与“商、养、学、闲、情、奇”等新兴旅游要素，有机融入美食、书法、绘画、手作、禅修、茶道、演绎等文化体验类产品，以旅游需求为出发点，围绕入境游客的行前、行中、行后的全过程进行全方位策划，同时整合交通、住宿、餐饮、导游、演绎、购物等若干子链，为入境游客提供更精准、更便捷、更个性的旅游设施和旅游服务，实现链条纵向延长、横向延伸。

第二，利用文化同源特性，加强区域旅游开发合作。文化同源地带的地方特色文化有同源属性。例如，巴与蜀同根同源、同质同体，形成一个文化共同体。充分利用文化同源特性，深入挖掘同源文化的不同表现形态，加强不同地域之间的同源文化的横向合作，有利于规避文化旅游资源重复性、雷同性、相似性建设僵局。在此基础上，打破行政藩篱，对区域内文化旅游景观进行整体性规划开发，全面构筑同源文化旅游走廊景观体系，促进不同地区的旅游要素的双向流动，实现文化资源的互补与共生，最终促进文化同源地带的合作、共享与发展，实现旅游产业的规模经济效应。

第五节　本章小节

运用复杂网络分析方法，贴合中国入境游客多城市旅游特征，构建中国入境旅游俱乐部关系网络，挖掘其结构特征并剖析其驱动因素。一方面，从中国入境旅游俱乐部关系网络结构上看，31 个省份间存在 276 条关联关系，0.29

的低密度属性说明中国入境旅游俱乐部关系网络碎片化特征明显，一部分地区对另一部分地区的辐射带动能力有限。中国入境旅游俱乐部关系网络有净受益板块、经纪人板块、双向溢出板块以及净溢出板块，板块特征明显。同时，从度数中心度上看，山东和辽宁是高度值省份，成为中国入境游客集散中心。从中介中心度上看，山东、辽宁、吉林、上海和广东是高度值省份，成为主要出入境门户省份。另一方面，从中国入境旅游俱乐部关系网络形成机理上看，它是一系列因素共同作用的结果。各省份国际旅游外汇收入、旅游接待设施、旅游交通设施以及旅游服务也对中国入境旅游俱乐部关系网络形成有差异性影响。因此，塑造良好的入境旅游发展氛围、厚植旅游产业基础、挖掘旅游特色，有助于一省份从其他省份引入入境游客，最终推动区域旅游业联动发展。

第六章　模糊集定性比较分析技术挖掘中国乡村旅游游客感知

前两章分析了中国入境旅游游客感知。目前，乡村旅游也是中国旅游产业的重要组成部分。乡村旅游是工业化与城市化的产物。紧张拥挤的城市生活，千篇一律的人造景观，毫无生气的水泥森林，使城市居民身心俱惫。只有淳朴的乡风和自然生态才能放松身体，抚慰心灵。在世界各地，无论是欧美等发达国家和地区，还是亚非拉等新兴发展中国家和地区，乡村旅游方兴未艾。特别是德国、瑞士、挪威等欧洲国家，乡村旅游已经成为城镇居民的生活方式。对于中国来说，在乡村振兴大背景下，乡村旅游成为农村居民的重要就业渠道和增收渠道。因此，本书采用模糊集定性比较分析技术，以全国除香港、澳门、台湾以外的31个省份为样本，从资源、市场和产品服务等方面，研究中国乡村旅游发展的路径组态，分析先进地区乡村旅游发展的驱动因素，不同地区乡村旅游发展的路径差异，为各个地区制定相关政策与选择最适当的发展路径提出合理化建议。

第一节　导　　言

乡村旅游已成为农业发展的重要目标，生态、休闲、观光、体验等为农业增加了新的功能（程豪等，2021）。政府高度重视乡村旅游产业的发展，并将其作为实施乡村振兴战略的重要产业（龙井然等，2021）。《中华人民共和国乡村振兴促进法》第十九条专门规定，各级人民政府应当发挥农村资源和生态优势，支持特色农业、休闲农业、现代农产品加工业、乡村手工业、绿色建材、红色旅游、乡村旅游、康养和乡村物流、电子商务等乡村产业的发展。发达的乡村旅游业是农业农村现代化的重要标志。发展乡村旅游，建设“一村一品”“一村一景”“一村一韵”，将特色产业发展与生态文明建设相结合，有利于促进乡村治理和精神文明建设，满足人民对美好生活的向往。在欧美发达国家，乡村旅游直接吸引了大量城市居民到乡村定居、养老，不仅减轻了城市的人口压力，也加速了城乡之间的融合，为农村与农业的高质量发展增添了活力。乡村旅游已经成为中国旅游产业的重要组成部分。2019年，全国乡村旅游总人数为30.9亿人次，占国内旅游总人次50%以上，乡村旅游总收入1.81万亿元，占全国旅游总收入的27.3%（马静等，2020）。政府通过举办乡村旅游博览会，培训乡村旅游人才，选拔乡村旅游能人，命名全国乡村旅游重点村、传统村落、美丽休闲乡村、历史文化名城名镇名村，支持利用非物质文化遗产资源发展乡村旅游等业态。乡村旅游产业的发展是实现乡村振兴的有力支撑。由于受到新冠疫情等各种因素的影响，乡村旅游的发展遇到很多问题与困难，地区间的不平衡进一步加剧（李玉新等，2018）。因此，如何因地制宜，充分发挥资源禀赋优势，选择最适合的发展路径，实现乡村旅游的高质量均衡发展，就具有重要的研究价值。

模糊集定性比较分析技术（QCA）是一种以案例研究为导向的理论集合研究方法，包括清晰集（crisp set）、模糊集（fuzzy set）和多值集（multi value）三种具体操作方法，由美国学者查尔斯·拉金于1987年提出。与传统的回归分析不同，不是简约的线性解释，而是复杂的因果关系解释，即不同组态和因变量之间的关系。经过30多年的发展和完善，形成了比较固定的研究范式和数学运算方法，在乡村旅游研究方面已经作出了很大的贡献。本章利用模糊集定性比较分析技术，以全国除香港、澳门、台湾以外的31个省份为样本，从资源、市场和产品服务等方面，研究中国乡村旅游发展的路径组态，分析先进地区乡村旅游发展的驱动因素，不同地区乡村旅游发展的路径差异，为各个地区制定相关政策与选择最适当的发展路径提出合理化的建议。

第二节　研究区域概述

乡村地名是乡村文化的重要载体，地名的挖掘与保护对于乡村文化振兴具有重要意义。河南省现有行政村44 715个，其中使用最多的地名有“王庄村”“张庄村”“刘庄村”等，仅各种“王庄”村就456个。全省共有9 722个“庄”，是使用频次最高的通名，其次是“楼”“沟”等。乡村地名在山区与平原地区之间差异显著，最具河南省特色的地名是“茨园”和“滹沱”。乡村地名是历史传承的载体，是宝贵的乡村文化遗产。根据河南省安阳市内黄县县志办调查，该县所辖532个行政村，每个村名都有出处，涵盖了几千年的历史与文化（朱锋，2017）。然而，随着社会的发展，农村人口不断减少，再加上新型社区的建设，大量乡村地名已经或者正在消失。当前，挖掘和保护乡村地名既是发扬和传承优秀文化，又是实施乡村文化振兴的重要内容。

一、河南省行政村概况

根据国家统计局公布的2021年度全国统计用区划代码和城乡划分代码

（更新维护的标准时点为 2021 年 10 月 31 日），河南省共有 17 个地级市和 1 个产城融合示范区（济源市）、182 个县级区划（包括各种经济技术开发区等）、2 584 个乡级区划和 52 222 个村级区划。

村级区划主要有居民委员会和村民委员会两大类。村民委员会简称村委会，其所管辖区域为行政村，河南省目前共有 44 715 个行政村。行政村一般由若干个自然村组成，较大的自然村可以独立组成行政村或者分解为若干个行政村，行政村名称即为行政村地名或村名。

根据我国《地名管理条例》（2022 年 5 月 1 日起实施）第九条规定，地名由专名和通名两部分组成。行政村地名则由三部分构成，即“专名＋通名＋区划名”，如张家庄村委会或张家庄村，其中“张家”为专名，“庄”为通名，“村”为区划名。

二、河南省使用频次最高的村名

在全省 44 715 个行政村中，重名的有 25 439 个，占比为 56.89%，其中使用频次最高的村名有“王庄村”“张庄村”“刘庄村”“李庄村”等（前 30 名频次详见表 6－1，前 200 名频次详见图 6－1）。由于“王庄”“张庄”这些村名使用频次太高，很多类似的村名要加上大、小、前、后等方位词进行区别。如果统计含有“王庄”“张庄”的村名，全省各种“王庄”就有 456 个，“李庄”“张庄”分别有 312 个和 301 个。

表 6－1 使用频次最高的 30 个行政村全名

排序	村名	频次	排序	村名	频次	排序	村名	频次
1	王庄村	174	11	周庄村	87	21	徐庄村	65
2	张庄村	167	12	孙庄村	85	22	李楼村	63
3	刘庄村	147	13	郭庄村	81	23	吴庄村	61
4	李庄村	138	14	黄庄村	77	24	杨楼村	59
5	杨庄村	134	15	胡庄村	69	25	西街村	59
6	马庄村	133	16	袁庄村	69	26	曹庄村	59
7	赵庄村	113	17	朱庄村	68	27	新庄村	58
8	高庄村	113	18	宋庄村	68	28	东街村	58
9	陈庄村	108	19	张楼村	65	29	魏庄村	57
10	王楼村	90	20	韩庄村	65	30	任庄村	57

图 6-1　河南省使用频次最高的行政村全名词云（前 200）

以全省 456 个村名中包含有“王庄”的村为例，进一步分析“庄”在河南省的分布，可以发现，“王庄”的分布区域主要在商丘、周口、新乡等地，在伏牛山区、大别山区分布很少，说明“庄”的分布主要在平原地区。

三、常见的专名与通名

（一）专名

最常见的专名是姓氏，其次是历史人物与建筑物名称（如西施村、郭亮村、打虎亭村）、山水地理名称（如东山村、簸箕掌村、石板岩村）、动植物名称（老虎沟村、杏花村）、寓意愿望名称（如团结村、胜利村、兴隆村、孝义村）等（李国强，2022）。在河南省村名的专名（首字）统计中，使用频次最多的是描述性用词和姓氏（表 6-2、图 6-2），说明使用姓氏的专名太多，需要使用大、小、东、西、南、北、前、后等加以区分，如“大王庄村”“小王庄村”等。如表 6-2 所示，“西”和“东”使用频次相近，说明在原生村落基础上，东西发展均衡；“南”多于“北”，说明原生村庄向南发展多于向北派生。总体而言，方位词数量相对均衡，体现了河南省的特殊地理位置。

表 6-2　河南省村名使用频次最高的专名（首字）与通名（前 20）

排序	专名	频次	排序	专名	频次	排序	通名	频次	排序	通名	频次
1	大	1 485	11	前	779	1	庄	9 722	11	桥	653
2	西	1 432	12	杨	757	2	楼	2 291	12	集	624
3	东	1 367	13	北	674	3	湾	2 097	13	屯	588
4	王	1 256	14	马	674	4	寨	1 983	14	街	525
5	张	1 172	15	陈	566	5	沟	1 319	15	家	513
6	李	1 013	16	赵	552	6	岗	1 070	16	王	488
7	南	929	17	高	489	7	村	940	17	口	457
8	刘	905	18	黄	472	8	庙	933	18	园	448
9	小	869	19	郭	405	9	店	918	19	张	430
10	后	830	20	石	384	10	河	703	20	洼	416

图 6-2　河南省村名常用专名词云（前 100）

在专名中，动物的名称很少，有各种“龙”（龙王、青龙、黄龙等）373 个，“凤凰”11 个，“虎”（打虎、关虎、虎牢等）70 个，“狮”23 个，以“豹”为名的村只有 3 个（豹沟村、豹台村、獐豹村），带“羊”的村名有63 个，带“猪、鸡、鸭、鹅”的村名都只有个位数。相对而言，以各种植物名称作为专名更加常见，在村名中，最常见的植物及其频次有柳（222 次）、枣（103 次）、桃（92 次）、竹（91 次）、桑（89 次）、栗（89 次）、柿（59 次）、槐（59 次）、杏（55 次）、梨（50 次）等，比较少见的植物村名有“红檀树村”“桦树坪村”“槲树庙村”“椴树村”等。从分布分析，以动物为专名的村，主要分布在山区丘陵地带，以植物为专名的村主要分布在平原地区，基本反映了河南省的地理环境和常见植物分布。

（二）通名

村庄的通名一般只有一个字，常见的通名大致分为三类：第一类是居住点名称，如村、庄、街、巷、队等（付婷，2021）；第二类是建筑物名称，如桥、庙、寨、店、坊、口等；第三类是自然地理名称，如山、岭、沟、河、湾等。河南省村名中使用频次最高的通名是庄（9 722），接下来依次是楼（2 291）、湾（2 097）、寨（1 983）、沟（1 319）和岗（1 070），频次在前 100 的通名见图 6－3。由于“村”既是通名也是区划名，统计中很难区分，尽管如此，河南省至少有 940 个“村”（通名），如“王村”“张村”“刘村”等，专名和通名均只有一个字，通名只能是“村”。

图 6－3　河南省村名常用通名词云（前 100）

为什么有这么多“庄”？全国共有 32 961 个庄，其中鲁豫冀三省就占了 3/4。庄的分布区域相对集中，主要有地理和历史两个方面的原因。“庄”的本义为宅地，以家庭为单位，多建在平原地区，以院墙为界。历代战乱，中原地区是重灾区（贺红茹，2020）。现在的村庄多为明初移民所建，限于移民政策的规定，如亲属不能迁移到一处，一户一村等，故在鲁豫冀相邻地区出现了大量以姓氏为专名的庄。

四、18 市村名共现网络

分别统计 18 市行政村地名频次，每市取频次最高的 20 个村名，绘制地名共现网络，分析各地区之间地名的内在联系。济源市村名不存在重复问题，选取村名前两个字进行统计，频次超过 2 次的地名共有 16 个，其中“勋掌”即“建立功勋，易如反掌”之意，全市共有 5 个“勋掌××村”（图 6－4）。

如图 6－4 所示，河南省的核心地名是张庄、王庄、杨庄、李庄、赵庄、

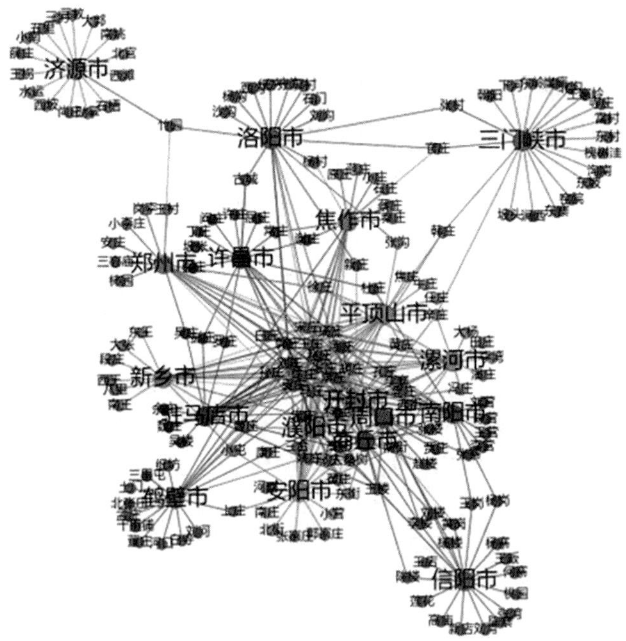

图 6－4　河南省 18 市村名共现网络

刘庄、陈庄、马庄等。在 18 个市中，开封、商丘、周口、濮阳处于中心位置，共享村名多，独享村名少。平顶山、漯河、南阳、安阳、鹤壁、驻马店、新乡、郑州、许昌和焦作在中心的外围，济源市只有 1 个共享村名，地名特色鲜明。独享村名较多的地区还有三门峡市、洛阳市和信阳市。整体而言，河南省西部和南部山区（太行山、伏牛山和大别山）与其他平原地区在地名文化方面具有明显的差异（张宏广，1994）。

五、最具河南省特色的村名

最具河南省特色的村名，有两个标准：一是有一定的使用次数（不少于 10 个），二是只有河南省有，或者主要在河南省（超过 50%）。王庄村虽然最多，但占全国的比例不到半数，非河南省所特有，不符合第二个标准。经过大数据对比与分析，最具河南省特色的行政村地名有两个，分别是“茨园”和“滹沱”。

（一）茨园

全国共计有 11 个茨园行政村，全部在河南省，其中南阳市 6 个、驻马店市3个、漯河市2个。这11个茨园分别是漯河市舞阳县辛安镇的茨园张村和茨园黄村，南阳市宛城区官庄镇张茨园村、方城县广阳镇陈茨园村、内乡县马山口镇茨园村、社旗县朱集镇茨园村、唐河县桐寨铺镇王茨园村、唐河县上屯镇茨园村，驻马店市西平县专探乡陈茨园村、平舆县万金店镇茨园村、泌阳县马谷田镇茨园村。“茨”一般指蒺藜，也指用茅草、芦苇盖的屋子。

（二）滹沱

滹沱是一个特殊的村名，一般作通名使用，如贾滹沱、金滹沱、沙滹沱等。全国一共有滹沱村27个（不包括别字“扶托”“浮沱”等村名，也不包括滹沱社区等地名），其中21个在河南省。“滹沱”一般特指发源于山西、流经河北的滹沱河。但大多数滹沱村与滹沱河没有关系，如渑池县陈村乡滹沱村，该村原属池底乡，2005年并入陈村乡。据传说，古时候该处有一湖泊，四周浸水，多泥泞，故名滹沱村，与相邻的池底村相呼应，说明滹沱就是池底的泥泞，与“糊涂”一词同源，或者由后者雅化而来。

第三节　研究设计

本节主要阐释研究设计，研究设计包括两方面内容：理论框架和数据构建。其中，理论框架从资源、市场、产品三个方面进行程式性论证。数据构建主要包括数据采集和数据校准。

一、理论框架

乡村旅游最初是为了满足城市居民的乡愁而发展起来的，乡村之游就是思乡之旅（李涛等，2020）。在此基础上，乡村旅游的功能越来越多，农村不仅具有良好的生态，还有独特的传统文化，怡情又养生。随着农业现代化的发展，农业生产过程也成为旅游的吸引物，吃农家饭，喝自酿酒，住农家屋。当然，乡村对游客的吸引，不仅有美景与美食，还会有宗教、探险、康养等多方面的因素。乡村旅游产业的迅猛发展，既需要外部的环境，又需要农户的正确认知。一旦机会成熟，农户非常渴望发展旅游产业，并有能力积极参与其中（高春留等，2019）。同时，受限于农户个体认知差异，外部的支持主要来自两个方面：一方面是政府的规划与财政支持，另一方面是社会组织与机构的广泛参与合作。中国乡村旅游的快速发展，很大程度上归功于政府的支持。

在乡村旅游发展成熟地区，旅游产品研发非常重要，这有利于满足游客不同偏好，提升游客满意度，培养游客忠诚度。因此，自然景观与人文景观的有机结合、基础服务设施的持续完善、旅游服务项目的大力建设以及土地资源的整合利用都对游客感知产生重要影响（胡平波等，2019）。因此，满足游客感知需求，开发旅游产品，发展乡村旅游，有必要借鉴昂普分析范式（RMP）。RMP 分析范围主要从资源（resource）、市场（market）和产品（product）三个方面进行程式性论证。r 即旅游资源，主要是有观光价值的自然与人文资源；m 主要是指市场需求，旅游欲望与能力的有机结合；p 是一个复合概念，是吸引物、交通、住宿、娱乐等的组合。因此，按照 RMP 框架，结合 QCA 分析，本章分别设置 2 个二级条件，共有 6 个前因变量，如图 6－5。

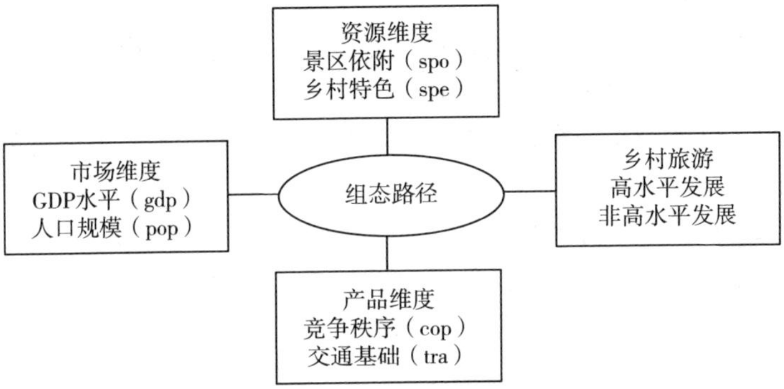

图 6－5　理论框架

景区依附（spo）。乡村旅游与景区旅游密切相关。在旅游景区的周边，农户为游客提供低成本的食宿服务，进而发展补充性的乡村旅游项目。根据文化旅游部门公布的数据，截至 2021 年 4 月，全国 A 级旅游景区有 1.3 万余家，其中 AAAAA 景区 304 家，AAAA 景区 4 000 余家，AAA 景区 6 000 余家。这些旅游景区既有自然美景，又有历史名胜。近年，随着市场对旅游的需求不断增加，旅游景区越来越多，那些分布在城市以外的景点，对周围的乡村产生了巨大的辐射作用（姚旻等，2021）。

乡村特色（spe）。最初的乡村旅游就是以农村的特色产业为基础的。乡村旅游是工业化的产物，久居城市的居民为农村的特殊生活所吸引，体验农耕生活，欣赏乡村美景，放松身心，回归自然。随着城镇化和工业化的发展，乡村旅游的需求越来越大，首先是在城市的周边，各种农家乐、采摘园、康养中心应运而生；然后以城市为中心，乡村旅游的半径不断延长，那些有特色和吸引力的乡村会不断被列入旅游目的地。我国历史悠久，文化资源丰富，目前评选的国家级传统名村、森林村、生态文明村等就有几万家，还有数不清的特色文化、非物遗产等，这些都是发展乡村旅游的重要资源（王铁等，2021）。

GDP水平（gdp）。旅游并非生活必需品，乡村旅游是经济发展到一定水平的产物。乡村旅游属于大众消费，以居民自主旅游为主，所以只有当经济发展到一定水平，大多数城市居民具有一定的消费能力，乡村旅游才能发展起来。我国的乡村旅游是在改革开放以后发展起来的，伴随着人民生活水平的不断提高，乡村旅游市场越做越大。乡村旅游一般没有专门的旅行社组团，而是以居民自驾游为主。由此可见，经济发展规模、城乡居民的收入水平直接决定了乡村旅游的市场需求规模。

人口规模（pop）。信息化的社会，流量就是效益。当GDP达到一定规模后，人口的多少就决定了市场的大小。单个人的需求总是有限的，众多的人口还能创造出更多的需求，很小的市场也能做大。乡村旅游由弱到强，最重要的就是人气。近年，乡村旅游越来越热，文化和旅游部积极推动乡村旅游与乡村振兴、美丽乡村建设相结合，培育了一批生态美、生产美、生活美的乡村旅游目的地，遴选出全国乡村旅游重点镇（乡）100个、全国乡村旅游重点村1 199个。2019年，乡村旅游吸引的游客已经超过30亿人次。

竞争秩序（cop）。乡村旅游的发展有赖于成熟的市场环境。不同于城市旅游和专业的景区旅游，乡村旅游在组织和管理方面还比较落后，特别是在发展初期，各种产品与服务档次低也不完善，市场秩序不规范，农户之间、村与村之间无序竞争，内卷化严重。观察全国各地的乡村旅游，凡是竞争秩序成熟、市场化水平较高的地方，乡村旅游发展得就好，如浙江、江苏等沿海地区。否则，乡村旅游就比较落后（张高军等，2019）。

交通基础（tra）。乡村旅游是以城市为中心展开的，交通基础条件越好，乡村旅游的半径就越长，发展的面积就越大。现代乡村旅游，以家庭自驾为主要出行方式，对交通条件有很高的要求，不仅要求路况要好，而且对加油充电和停车以及意外情况的处理也有很高的要求。越是景色美丽的乡村，通达的难度就越大。所以，道路交通及相关设施和通勤服务是乡村旅游发展的重要基础。

二、数据构建

乡村旅游发展水平，可以从两个角度分析：一个是乡村旅游发展的绝对规模，另一个是发展的相对规模。前者分析的指标均按照绝对值，后者尽可能使用人均指标分析。只按绝对指标分析，对人口规模较大的地区比较敏感，对于乡村旅游发展水平高，但绝对规模较低的地区不敏感，分析结果都有一定的局限性。分别进行分析，可以弥补各自的缺陷，有利于全面考察不同地区乡村旅游发展的水平和路径选择（于法稳等，2020）。

1. 数据采集

结果变量（outcome）为乡村旅游发展水平。以各省份拥有的乡村旅游经营者数量衡量。具体数据采集于企查查网站，查询正在经营乡村旅游业务的企业数量，共有12万余条结果，按照企业的行业和地址进一步筛选，获得从事乡村旅游相关服务并位于乡镇的经营者14 226家，主要是个体工商户。经营乡村旅游的商户越多，该地区的乡村旅游水平就越高。在绝对水平分析部分，直接使用企业数量作为结果变量，在相对水平分析部分，以每千村拥有的企业数为结果变量。

景区依附变量是A级旅游景区的加权打分，从A到AAAAA景区，得分分别是1～5分，在绝对水平分析部分，使用总得分衡量，相对分析则是以每千村平均得分衡量；乡村特色变量是各省份获得的各种国家级村荣誉数量，具体包括传统村落、历史名村、生态村、“一村一品”特色村等，分别使用称号总数和每千村拥有的称号数作为绝对水平和相对水平分析的指标；GDP水平分别用绝对值和人均GDP为指标，人口规模使用城镇人口的绝对数量和每千村拥有的城镇人口数为指标，因为城镇居民是乡村旅游的主力军；竞争秩序使用市场化指数衡量，该指数由中国社会科学院发布，综合反映了政府与市场、非国有经济、产品市场、要素市场、市场中介和法律五个方面的发育程度，指数越高，越有利于乡村旅游市场的发展，该变量不区分绝对值和相对值；最后是交通便利条件，分别使用公路的绝对里程和路网密度（千米/100千米^2）衡量（余润哲等，2021）。

2. 数据校准

在QCA分析中，结果条件和前因条件在理论上存在严格的因果关系，但各个条件或者变量的计量单位千差万别，并不统一。QCA最终是使用布尔代数进行集合逻辑运算的，需要对各变量进行无量纲处理，将原始数据校准为介于0～1的数值，这就是在正式分析前必须进行的数据校准。本书按照直接校准法校准，完全隶属和不完全隶属的标准为0.95和0.05，交叉点校准标准为0.5。绝对指标与相对指标校准点如表6-3所示。

表6-3　结果和条件变量校准标准

变量		校准					
		完全隶属		交叉点		完全不隶属	
		绝对值	相对值	绝对值	相对值	绝对值	相对值
结果变量	乡村旅游	1 008.50	82.18	416.00	29.16	46.50	4.09

（续）

变量		校准					
		完全隶属		交叉点		完全不隶属	
		绝对值	相对值	绝对值	相对值	绝对值	相对值
旅游资源	景区依附	87 924.00	13.84	25 115.00	5.81	3 463.24	4.37
	乡村特色	6 317.21	5 256.01	2 363.47	1 697.73	412.23	840.47
旅游市场	GDP 水平	2 664.50	185.35	1 306.00	97.13	263.00	37.10
	人口规模	677.00	48.94	417.00	31.29	82.00	13.56
产品服务	竞争秩序	8.17	8.17	6.13	6.13	3.64	3.64
	交通基础	291 045.50	934.4	168 119.00	369.10	19 337.50	44.60

第四节　结果与讨论

本节对 6 个条件变量和高乡村旅游发展水平进行了分析，研究通过 QCA 分析方法探讨了影响乡村旅游发展水平的前因条件，共同解释的案例及其验证，并得出了相关结论。

一、必要条件的识别

在 QCA 分析中，必须判断结果与前因条件之间的相关程度，是充分条件还是必要条件。在建构理论框架时，已经从理论上确定了二者之间的基本关系，即前因条件是结果发生的充分条件，但是否必要条件并不明确。为了确定二者之间的关系，一般使用一致性（*consistency*）和覆盖度（*coverage*）指标进行判断。一致性和覆盖度的计算公式分别为公式（6－1）和公式（6－2）。

$$Consistency[u_{C_i}^D(x) \leqslant u_O^D(x)] = \frac{\sum\{\min[u_{C_i}^D(x), u_O^D(x)]\}}{\sum(u_{C_i}^D)} \tag{6-1}$$

$$Coerage[u_{C_i}^D(x) \leqslant u_O^D(x)] = \frac{\sum\{\min[u_{C_i}^D(x), u_O^D(x)]\}}{\sum u_O^D(x)} \tag{6-2}$$

式中的 $u_{C_i}^D(x)$ 和 $u_O^D(x)$ 分别表示条件（单个条件或条件集合）和结果的隶属分数，$u_{C_i}^D(x) \leqslant u_O^D(x)$ 说明结果对条件比较敏感，或者说条件的存在容易导致结果的发生。一致性的分值越趋近于 1，条件集合导致结果集合发生的可能性就越大，大于等于0.8是充分条件，达到0.9即可以视为必要条件；覆盖度将一致性中的分母改为结果隶属分值之和，表明了条件（集合）对结果的解释面，覆盖度同样介于0～1，大小没有具体的要求。

本书将结果条件分为“是”与“非”两个集合，即“高乡村旅游发展水平”与“非高乡村旅游发展水平”，6个条件变量同样划分为“是”与“非”两个“子集”，表6-2是利用fsQCA3.0软件的检验结果。如表6-2所示，在“是”子集中，一致性分值最高为SPE的0.820 5和SPO的0.814 8，均没有超过0.9的水平，由此可以判断本子集没有必要条件，即没有任何一个条件的发生必然会导致结果的出现。“非”子集的情况类似，也没有发现必要条件，即没有任何一个条件必然导致“非”集结果的产生（表6-4）。

表6-4 绝对水平的必要条件分析

条件变量（variables）	高乡村旅游发展水平		非高乡村旅游发展水平	
	一致性	覆盖度	一致性	覆盖度
高景区依附（*SPO*）	0.814 8	0.768 7	0.451 6	0.507 3
非高景区依附（～*SPO*）	0.477 7	0.422 5	0.794 1	0.836 3
高乡村特色（*SPE*）	0.820 5	0.738 1	0.439 2	0.470 4
非高乡村特色（～*SPE*）	0.411 3	0.381 1	0.755 5	0.833 7
高GDP水平（*GDP*）	0.784 5	0.758 7	0.478 9	0.551 6
非高GDP水平（～*GDP*）	0.536 4	0.463 7	0.790 5	0.813 7
高人口规模（*POP*）	0.795 1	0.725 8	0.498 5	0.541 9
非高人口规模（～*POP*）	0.498 2	0.454 8	0.747 8	0.812 9
高竞争秩序（*COP*）	0.735 7	0.722 9	0.492 6	0.576 4
非高竞争秩序（～*COP*）	0.568 9	0.484 9	0.763 2	0.774 7
高交通基础（*TRA*）	0.729 3	0.647 8	0.531 8	0.562 5
非高交通基础（～*TRA*）	0.507 4	0.476 1	0.667 1	0.745 9

尽管没有发现必要条件，通过一致性检验，仍然可以发现，乡村特色和景区依附对于发展乡村旅游是最重要的两个条件，之后是人口规模和GDP水平（钟漪萍等，2020），交通条件的一致性是最弱的，一方面说明我国交通基础条件普遍较好，有利于乡村旅游的发展；另一方面也说明面对乡村美景，即便地区偏远也很难阻挡游客的通达。在相对水平的必要条件分析中，人均GDP水平的一致性最高为0.816 8，其次是人口规模和乡村特色，与绝对水平相比有所差异，如表6-5所示。与绝对水平一样，没有发现必要条件。

表 6-5　相对水平的必要条件分析

条件变量（variables）	高乡村旅游发展水平		非高乡村旅游发展水平	
	一致性	覆盖度	一致性	覆盖度
高景区依附（*SPO*）	0.721 0	0.715 0	0.549 1	0.635 9
非高景区依附（~*SPO*）	0.632 9	0.545 8	0.753 9	0.759 3
高乡村特色（*SPE*）	0.762 9	0.749 3	0.489 8	0.561 8
非高乡村特色（~*SPE*）	0.553 8	0.481 8	0.781 4	0.793 8
高 GDP 水平（*GDP*）	0.816 8	0.765 4	0.499 4	0.546 5
非高 GDP 水平（~*GDP*）	0.516 1	0.468 9	0.785 6	0.833 5
高人口规模（*POP*）	0.781 8	0.778 6	0.449 7	0.523 0
非高人口规模（~*POP*）	0.521 0	0.447 7	0.809 6	0.812 5
高竞争秩序（*COP*）	0.683 2	0.678 5	0.545 5	0.632 6
非高竞争秩序（~*COP*）	0.630 1	0.542 8	0.722 8	0.727 1
高交通基础（*TRA*）	0.622 4	0.648 2	0.543 7	0.661 3
非高交通基础（~*TRA*）	0.674 8	0.558 8	0.710 8	0.687 3

二、绝对水平的组态分析

单一条件是否必要条件并不重要，事件的发生往往是多种因素共同作用的结果，导致结果发生的各种因素组合就是组态，组态分析就是通过布尔代数的逻辑计算，寻找这种组合的状态。组态是否构成结果条件集合的子集，也是使用一致性检验标准，同时辅助使用 PRI 一致性检验。只是阈值要求不如必要条件高。一致性阈值理论上不低于 0.5 即可接受（An et al.，2020），但实际上一般是 0.8，很少低于 0.7。PRI 的全称为“不一致性的比例减少”（proportional reduction in inconsistency），其要求比一致性阈值更低一些，可以参照截断值（自然缺口）确定阈值。设置 PRI 值的目的是防止出现某一组态同时成为“是”和“非”两个结果集合的子集，值越高这种可能性越小。本书一致性阈值设定为 0.8，PRI 阈值为 0.5，案例频数阈值为 1，覆盖了 4 行案例 12 个样本。PRI 阈值即便设置为 0.75，与 0.5 也只差两个案例，区别度不是很大，且与“非”集合没有矛盾。运算结果如表 6-6 所示。

表 6-6 乡村旅游发展水平组态分析（绝对水平）

条件与组态	高乡村旅游发展水平		非高乡村旅游发展水平		
	组态 1	组态 2	组态 1	组态 2	组态 3
景区依附			⊗	⊗	
乡村特色				⊗	⊗
GDP 水平			⊗		⊗
人口规模					
竞争秩序			⊗		⊗
交通基础	V		⊗	⊗	
一致性	0.856 1	0.842 3	0.862 2	0.933 0	0.874 5
原始覆盖度	0.344 9	0.619 1	0.475 4	0.289 0	0.281 3
唯一覆盖度	0.065 0	0.339 2	0.228 5	0.092 0	0.069 4
解的一致性	0.837 4		0.866 0		
解的覆盖度	0.684 1		0.636 8		

注：●或•表示该条件存在；⊗或⊗表示该条件不存在；●或⊗表示核心条件；•或⊗表示边缘条件；空白代表条件可存在也可不存在。

经过 fsQCA3.0 计算，共获得复杂、简约和中间三类组态解，由于没有发现必要条件，全部默认“present or absent”选项，得到的中间解与复杂解一致，简约解有“*GDP*×*POP*”和“*GDP*×*SPE*”两种组态，各解释了 11 个相同的案例，但顺序有所不同。这 11 个案例的共同特征就是 GDP 和人口规模的绝对值较大，农村特色产业突出，乡村旅游发展的绝对规模在全国处于前列，如图 6-6 所示。

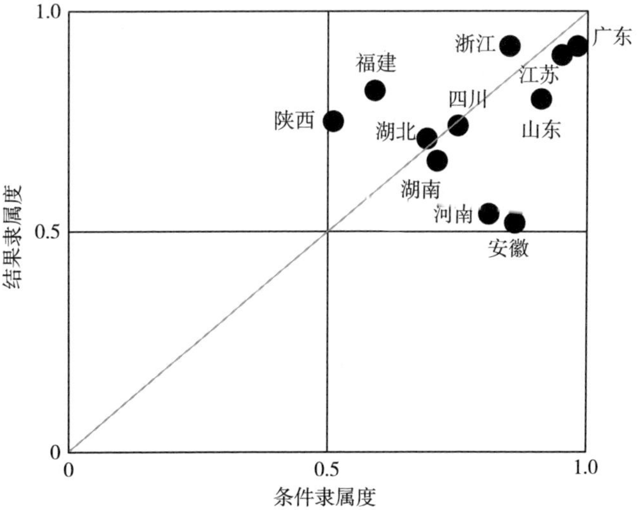

图 6-6 简约解 *GDP*×*POP* 组态解释的案例

中间解中，高乡村旅游发展水平有 2 种组态，非高乡村旅游发展水平有 3 种组态，在“是”集合中，乡村特色、GDP 水平和人口规模在两种组态中均是核心条件，在“非”集合中，非人口规模（～*POP*）是三种组态的核心条件。说明发展乡村旅游，不仅乡村要有特色，还要有经济基础和必要的人口数量，其中人口的规模最重要，否则，即便具备另外两个条件，乡村旅游也很难发展。

组态 1：*SPE*×*GDP*×*POP*×*COP*×～*TRA*。解释的案例有浙江（0.71，0.92）、福建（0.59，0.82）、江苏（0.55，0.90）三个省份。这三个省份人口密度大，经济实力强，乡村特色突出，竞争秩序相对成熟，乡村旅游发展处于全国的前列，即便山地较多，交通有所不便，对于乡村旅游的发展并没有构成太大的影响。这也进一步证明了简约解的解释，乡村特色、经济基础和人口规模是发展乡村旅游产业的基本条件。

组态 2：*SPO*×*SPE*×*GDP*×*POP*×*TRA*。解释的案例有山东（0.91，0.80）、河南（0.78，0.54）、四川（0.75，0.74）、广东（0.71，0.92）、湖南（0.69，0.71）、安徽（0.66，0.57）、湖北（0.64，0.66）、陕西（0.51，0.75）8 个省份。这一组态的特点是具备竞争秩序水平（*COP*）以外的所有条件，案例省份的人口和 GDP 规模较大，景区依附和乡村特色兼备，交通条件好，是我国发展乡村旅游基础最好的地区，反映了目前我国乡村旅游能够达到的厚度（周梦等，2021）。

三、相对水平的组态分析

进一步分析乡村旅游发展的相对水平，将各项变量指标按照相对值设置，进行 QCA 组态分析，一致性阈值为 0.8，PRI 阈值为 0.74，运算结果共获得“是”集合 6 种组态和“非”集合 5 种组态，如表 6－7 所示。

表 6－7　乡村旅游发展水平组态分析（相对水平）

条件与组态	高乡村旅游发展水平						非高乡村旅游发展水平				
	C1	C2	C3	C4	C5	C6	C1	C2	C3	C4	C5
景区依附	～		—	—	—		V	V	⊗	—	—
乡村特色		～	⊗	—		—	V	V		⊗	—
GDP 水平	⊗	⊗	～	—	～	～	⊗		⊗	—	⊗
人口规模	⊗	—	⊗	—	—	—		⊗	⊗	⊗	—
竞争秩序	⊗	⊗	⊗	—	—	—	⊗	—	V	V	V
交通基础	V	V	～		～	～	⊗	⊗	～	～	～

（续）

条件与组态	高乡村旅游发展水平						非高乡村旅游发展水平				
	C1	C2	C3	C4	C5	C6	C1	C2	C3	C4	C5
一致性	0.848	0.819	0.837	0.887	0.908	0.899	0.910	0.947	0.946	0.918	0.859
原始覆盖度	0.426	0.366	0.229	0.488	0.501	0.450	0.459	0.362	0.371	0.216	0.234
唯一覆盖度	0.082	0.034	0.006	0.020	0.061	0.010	0.087	0.065	0.037	0.016	0.014
解的一致性	0.802						0.887				
解的覆盖度	0.832						0.614				

注：●或•表示该条件存在，⊗或⊗表示该条件不存在；●或⊗表示核心条件，•或⊗表示边缘条件。空白代表条件可存在也可不存在。

在“非高乡村旅游发展水平”集合的5种组态中，缺失景区依附和自身特色，乡村旅游就无从谈起，即便具备这些条件，没有良好的市场环境，也很难吸引到足够的游客，如美丽而富有特色的景观虽然重要，但相比而言，优质的服务和公平的市场环境更是不可或缺。乡村旅游多是家庭好友相约的休闲之旅，服务比商品本身更重要。所以，发展乡村旅游，既要重视硬件建设，又要重视软件环境的提升。

组态1：$\sim GDP\times\sim POP\times SPO\times\sim COP\times\sim TRA$。解释的案例有新疆（0.73，0.64）和青海（0.51，0.62）两个地区。这两个地区地域辽阔，乡村旅游的发展主要是依赖景区带动的。新疆和青海都有知名的大型景区，每年都吸引了来自世界各地的大量游客。乡村旅游紧密围绕大型景区，提供富有地方特色的乡旅服务，作为补充和调剂。在其他条件较弱的情况下，乡村旅游同样能获得较好的发展，属于“大而美”的典型案例。

组态2：$\sim GDP\times POP\times SPE\times\sim COP\times\sim TRA$。解释的案例有海南（0.60，1.00）和宁夏（0.58，0.81）。这两个地区的共同特点是人口少，区域面积不大，但特色突出，有一定的人口密度，外来游客众多，尽管没有经济和交通优势，乡村旅游仍然能够发展得有声有色。在比较小的空间，精雕细琢，村村有特色，处处有美景，属于“小而精”的典型案例。

组态3：$GDP\times\sim POP\times SPO\times\sim SPE\times\sim COP\times TRA$。解释的案例有内蒙古（0.56，0.06）。有一定的经济发展水平，围绕重点景区，依靠便利的交通，发展富有民族特色的乡村旅游。内蒙古自治区没有人口优势，乡村特色相对单一，结果隶属度较低，说明内蒙古自治区乡村旅游还有很大的提升空间。

组态4：$GDP\times POP\times SPO\times SPE\times COP$，主要包含北京（0.77，0.15），上海（0.75，0.96），江苏（0.73，0.86），浙江（0.71，0.80），重庆

(0.62，0.80)，安徽（0.51，0.53）。

组态 5：$GDP \times POP \times SPO \times COP \times TRA$，主要包含上海（0.94，0.96），江苏（0.80，0.86），北京（0.67，0.15），重庆（0.58，0.80），天津（0.53，0.50），辽宁（0.51，0.53），浙江（0.51，0.80）。

组态 6：$GDP \times POP \times SPE \times COP \times TRA$，主要包含上海（0.75，0.96），江苏（0.73，0.86），北京（0.67，0.15），福建（0.59，0.80），重庆（0.58，0.80），浙江（0.51，0.80），广东（0.51，0.75）。

组态 4、组态 5、组态 6 解释的案例稍有区别，是我国乡村旅游发展的核心地区，反映了目前乡村旅游能够达到的高度。

四、共同解释的案例及其验证

综合乡村旅游发展的绝对与相对水平，两个集合共同解释的案例广东、江苏、浙江、福建和安徽 5 个省份。此外，分别解释的案例还有山东、四川、湖北、湖南、陕西、河南以及北京、上海、天津、重庆和辽宁等。根据文化和旅游部公布的 2019 年全国各省份旅行社组织和接待的游客数量排名，本书通过绝对值与相对值建立的 QCA 分析与所解释的案例，与图 6－4 的排名基本重合，一是说明分析符合实际情况，二是说明全国游客的数量和乡村旅游的游客数量存在正比例关系。在全部游客中，乡村旅游的游客超过了一半。组织游客最多的地区是广东、江苏、浙江、重庆、山东等，接待游客最多的是江苏、浙江、湖北、广东、福建等。本书中所介绍的乡村旅游发展水平集合解释的案例均位居全国旅游发展的前列，说明乡村旅游是整个旅游产业的重要组成部分，二者的发展趋于同步（图 6－7）。

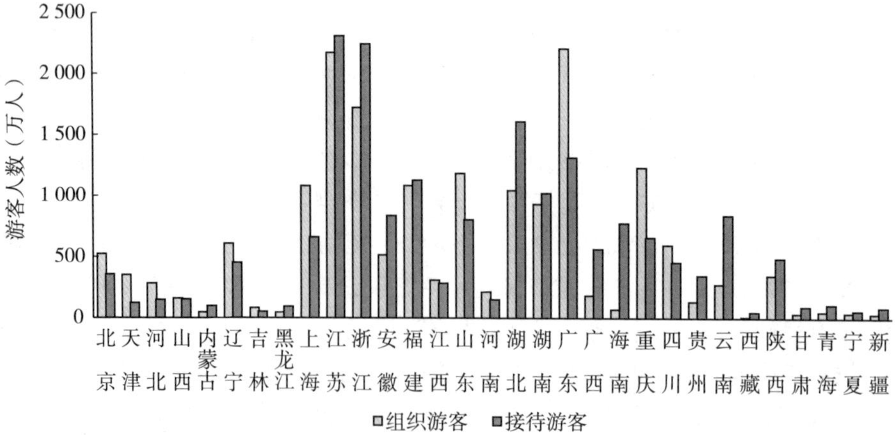

图 6－7　2019 年各地组织与接待游客数量

第五节　结论与建议

在前述研究框架指导下，利用相关研究数据，本书形成了主要研究结论。在此基础上，本书提出了提升乡村旅游的对策和建议。

一、主要结论

首先，旅游资源决定了乡村旅游的厚度。在乡村旅游发展绝对水平的分析中，6个二级条件与结果的一致性系数从高到低依次是乡村特色、景区依附、人口规模、GDP水平、竞争秩序和交通基础。一致性系数（钟真等，2020）的大小说明了在乡村旅游发展中这些条件的作用和地位。对于人口规模较大、总体经济实力较强的地区，乡村特色和景区依附对于乡村旅游的发展是最重要的，决定了我国乡村旅游的厚度，开发和培育旅游资源，增加市场供给，是发展乡村旅游的基础。

其次，旅游需求决定了乡村旅游的高度。在乡村旅游发展相对水平的分析中，6个二级条件与结果的一致性系数从高到低依次是GDP水平、人口规模、乡村特色、景区依附、竞争秩序和交通基础（郑自立，2019）。与绝对水平分析相比，旅游资源与市场需求位置对调，说明市场需求是这些地区发展乡村旅游的关键，人均GDP水平和相对的人口规模决定了我国乡村旅游的高度。在自然资源条件较好的乡村，市场需求决定了乡村旅游发展的水平。

最后，乡村旅游由东部向中、西部地区依序发展。广东、浙江、江苏、福建等东部沿海地区的乡村旅游兼具厚度与高度，中部省份已经具备一定的厚度，西部及特大城市周边具有一定的高度。得益于我国交通基础的强大，道路交通对于乡村旅游的约束趋弱。乡村旅游已经由最初的景区补充，逐步发展为相对独立的旅游主体，自身的特色成为约束乡村旅游的主要条件。

二、政策建议

目前，得益于经济的发展和人民生活水平的提高。在城市和大型景区的周边，乡村旅游的发展已经初具规模。以后乡村旅游的发展，既要增加内涵，又要继续扩展外延，不断提高项目的质量和服务水平，实现与城市旅游、景区旅游的融合同步发展。

首先，突出地方特色，增加乡旅供给。乡村旅游要向更深的广度发展，就必须开发新的资源。充分利用现有的乡村特色，进行深度设计与开发，形成富有特色的旅游产品。深入领会“绿水青山就是金山银山”的发展理念，实施乡村振兴，建设美丽乡村。即便是自然资源贫瘠的地区，通过绿化、美化建设，实现天蓝水净，用特色农产品吸引本地游客，一样可以发展乡村旅游。充分挖掘传统历史文化资源，建设富有特色的乡村博物馆，展示传统手工艺和文化，通过直播带货等手段推销产品和旅游项目。

其次，加强政策引导，鼓励乡旅消费（张杰等，2021）。市场需求决定了乡村旅游最终发展的水平，因此要出台多种政策，如高速免费、发放专项消费券等，鼓励城市居民下乡消费，活跃乡旅市场，促进经济增长。对于西藏、新疆等边远地区的乡村旅游，还要实行特殊的鼓励政策，如交通补贴、机票优惠等。大型旅游景区要支持周边乡村旅游项目建设，形成全域旅游，共享旅游消费红利。

最后，提高服务水平，实现高质量发展。在实施乡村振兴战略中，将乡村旅游作为一项重要的产业项目，加强硬件建设，提高服务水平，系统性解决乡村旅游中常见的问题，如饮食卫生、住宿条件、交通管理、有序竞争等（张圆刚等，2019）。同一区域的乡旅景点可以统一组织，进行专业化管理，在乡村里享受AAAAA级景区的服务。将游客的一日游变成多日游，由一次性旅游变成周期性打卡游，甚至成为城市居民的越冬和避暑胜地，最终实现城乡融合发展。

第六节　本章小节

利用模糊集定性比较分析技术，以全国除香港、澳门、台湾以外的31个省份为样本，从资源、市场和产品服务等方面，研究中国乡村旅游发展的路径组态，分析先进地区乡村旅游发展的驱动因素，寻求不同地区乡村旅游发展差异化发展路径。经分析可知，旅游资源决定了乡村旅游的厚度，旅游需求决定了乡村旅游的高度，乡村旅游由东部向中、西部地区依序发展。因此，突出地方特色，增加乡旅供给；加强政策引导，鼓励乡旅消费；提高服务水平，实现高质量发展是推动各地区乡村旅游产业发展的方向。

第七章　利用三层贝叶斯概率图模型挖掘旅游地游客

前三章利用统计数据分别分析了入境旅游产业和乡村旅游产业。本章会采用三层贝叶斯概率图，结合复杂网络分析方法，以少林寺为案例，深度挖掘其游客感知，对提升旅游地的形象和促进旅游业的发展具有一定的现实意义。

第一节　导　　言

旅游目的地形象对旅游决定有重要影响。大数据时代，旅游业的信息密集度极速提升，传统人工识别旅游地形象的局限日益明显，识别文本隐含的主题类型和挖掘关键的形象感知，逐渐成为研究热点领域之一。为了更加有效地处理海量评论数据，学界比较认可三层贝叶斯概率图模型（LDA 主题模型）。目前，主流的主题模型分为 LDA 主题模型和 PLSA 主题模型。LDA 主题模型由于给出了“文档—主题—词汇”分布的狄利克雷概率生成过程，使模型参数不随文档数量的增加而增加，解决了其他模型过拟合现象，更受到研究者青睐。因此，本书利用 LDA 模型分析旅游地的感知形象，并结合 ROST EA 软件深度发掘游客的情感特征，同时引入社会网络模型构建感知形象间的结构关联，以期厘清旅游地核心价值，辅助旅游地管理者做出科学决策促进可持续发展。

第二节　研究设计

旅游的形象感知研究涉及旅游资源分类、数据挖掘、自然语言处理、社会网络分析等多学科领域，信息的采集、分析、构造、提取过程需要多种技术方法支持。以在线旅游平台评论数据为研究起点，本书构建旅游地形象感知研究框架，如图 7-1 所示。

第一步，数据采集与预处理。利用八爪鱼爬虫软件，获取知名线上旅游平台的在线评价信息。根据大数定律，数据量越大就越能接近游客的真实感知，故爬取各网站开放的全部评论信息，形成旅游地形象感知评论数据文档。首先，将各景区的评论文档汇总，使用 Excel 软件剔除评论内容外的全部要素和

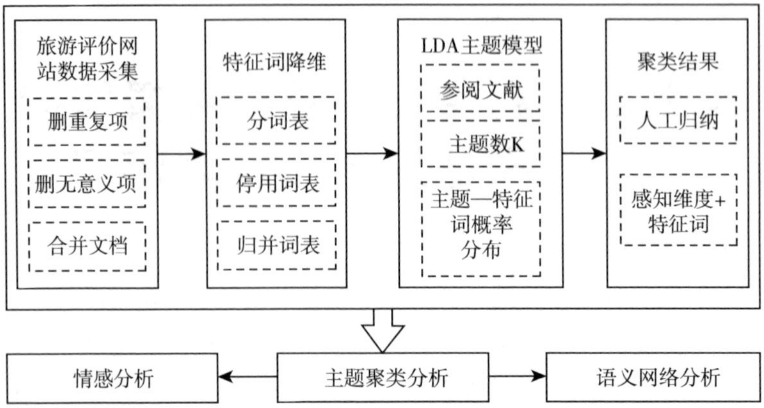

图 7-1 研究框架

重复项。利用 Python 语言对文档数据进行分词处理，得出具有频次高低顺序的特征词表。其次，根据分词结果表现，建立分词表以便识别旅游地重要标志物或感受；建立停用词表在统计词频时自动屏蔽掉与本次感知识别无关的词；建立归并词表，以同一感知物词频最高的特征词为代表，替换其相近或相似的表达，提高自然语言处理时计算机识别的容错性。通过以上步骤减少文档识别出特征词的数量，达到特征词降维的目的，从而提高数据结果的准确性和真实性。最后，按频次输出带有词频统计数量的游客感知特征词。

第二步，LAD 主题模型构建。三层贝叶斯概率图模型（LDA 主题模型）由文档、主题和词三层粒度构成，能自动将文档语料编码为一组具有实际意义的主题。LDA 模型将输入的文档 D 看作是无顺序的词袋，利用文档中含有一定概率的感知内容聚类为主题集合，而主题下也包含一定概率的特征词集合。通过引入 α 函数影响主题的多项式分布参数 θ，从而生成主题 Z。代入 β 函数控制主题对应特征词的多项式分布 φ，综合主题 Z 生成特征词 w。如此循环直至遍历文档中的每一个单词，最终聚类为 K 个主题下的 N 篇文档，每篇文档包含 n 个特征词，即完成文本—主题概率分布和主题—特征词概率分布。通过观察主题—特征词概率分布，将各主题下的特征词人工归纳到各维度所代表的观点，完成游客对少林寺旅游目的地的感知维度的识别与特征词提取，如图 7-2 所示。

LDA 主题模型构建的过程中，需要人工定义主题数量 K，困惑度（*perplexity*）指标是当前比较成熟判断主题模型数量合理性的标准，通过计算一定主题数量范围内的困惑度，可以有效确定文档的最优主题个数，其计算公式如公式 7-1。式中，N 指文档数量，P（Wd）是关键词出现的概率；nd 是每

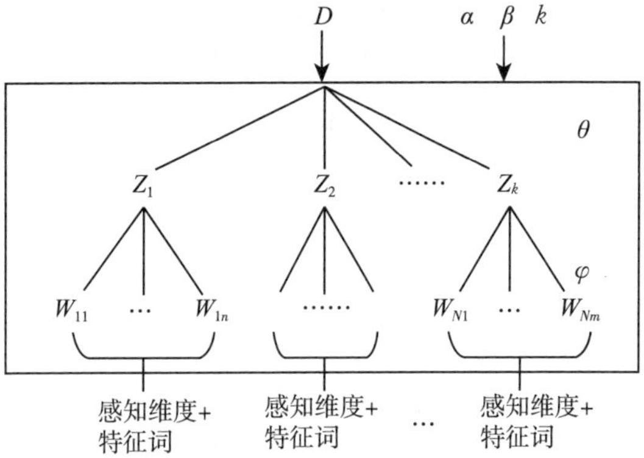

图 7-2　基于 LDA 技术的游客感知维度抽取模型

个文档 d 中的词数。困惑度数值一般随潜在主题数量的增加呈现递减的规律，困惑度数值越低，则说明聚类越好。

$$perplexity(D)=\exp\left(-\frac{\sum_{d=1}^{N}\log P(W_d)}{\sum_{d=1}^{N}n_d}\right) \tag{7-1}$$

第三步，主题情感分析。情感分析是一种常见的自然语言处理方法，尽管情绪在很大程度上是主观的，但通过构建情感字典并标记词汇强度与极性进行测量的方法，在挖掘大量文本数据的情感倾向研究中取得了丰硕成果。根据 LDA 模型的主题聚类最终结果，汇总各聚类主题下的评论文本，转为文本格式。使用武汉大学情感分析软件 ROSTEA 的“情感分析”功能，即通过情感字典统计文本中积极、中性和消极情感词数量，依据对应的情感测量值得出每条评论的量化情感倾向。积极和消极情绪也可进一步细化为一般、中度和高度分布范围。

第四步，语义网络分析。语义网络是社会网络的一种分析方法，以数学中的图论和矩阵代数法来分析网络中的点和关系。视文本数据为特征词相互关联形成的整体，其中每个特征词抽象为一个节点，两个特征词在相邻位置出现时可抽象为两个节点形成连线，且共现频率越高，说明两者的联系越密切，以此形成网络揭示节点间的深层次关系。本书借助社会网络分析软件 UCINET，可视化旅游地感知形象节点间关系结构。

第三节　案例介绍：少林寺

少林寺位于中国河南省郑州登封市，是嵩山南麓的一座佛教禅宗寺庙。嵩山是中国五岳之一，位于河南省郑州登封市境内，因其山势陡峭、景色秀丽而闻名（张晓旭，2022）。少林寺坐落在嵩山南麓的少室山脚下，地理位置优越，环境幽雅。少林寺又名僧人寺，有“禅宗祖廷”“天下第一名刹”之誉，在中国佛教历史上占有重要地位（王恒蕊，2018）。今天的少林寺是嵩山地区的重要文化遗产和旅游胜地，以其悠久的历史、深厚的文化底蕴和独特的武术传统而备受世界瞩目。

一、少林寺概述

1. 气候

河南省位于暖温带和亚热带气候交界的边缘地区，因此具有明显的过渡性特征。秦岭—淮河线贯穿河南省境内的伏牛山脉和淮河沿岸，这条线以南的信阳、南阳及驻马店部分地区属于亚热带湿润半湿润气候区（李洋，2014）。因此，河南省嵩山地区的气候属于温带大陆性季风气候，气候温和，光能和热量较为充足。四季分明，夏季炎热，冬季寒冷，并且由于山脉的阻挡作用，嵩山的降水量相对较多。这种气候条件为嵩山的动物、植物提供了良好的生存环境。嵩山地区地形复杂，地势起伏较大，使得气候在空间上尤其是在垂直方向上出现明显差异。山上与山下的气温差异较大，通常山下气温高于山上。7 月为当地全年中最热月份，山上月平均气温为 21.7℃，山下为 27.5℃；而 1 月为当地全年最冷月份，山上平均气温为－3.6℃，山下为 0.3℃。海拔每上升 100 米，气温下降 0.5℃。年降水量山上较大，为 8 700 毫米，山下为 650 毫米。降水量分布不均，7 月降水量占全年的 50%，每年 4—9 月为雨季。5 月山上气温可升至 15℃，山下已达 20℃以上，6—8 月山上气温为 20～22℃，9 月山上气温降至 15℃左右。

2. 水文

嵩山地区位于黄河流域与淮河流域的交会处，因此拥有众多的河流。其河流分属两大水系，即黄河水系和淮河水系（何乐，2007）。大部分流域属于淮河流域，面积达 1 067.5 千米^2，占其流域总面积的 88.37%。此外，还包括颍河流域面积为 1 037.5 千米^2，汝河流域面积为 30 千米^2。属于黄河流域的伊洛河流域面积较小，为 140.5 千米^2，仅占黄河流域总面积的 11.63%。

嵩山地区的河流水系具有支流众多、不对称性明显、多山地型河流的特点。受地势的影响，嵩山地区的河流支流众多，其中以颍河最为典型。颍河干流在本区境内总长 57 千米，比较大的支流有 13 条。左岸支流长且大，右岸支流则相对短小，呈不对称的树枝状分布，不对称系数为 0.7。

嵩山地区位于黄河流域的上游，黄河流经郑州段时，由于侧蚀和沟谷侵蚀作用，使得嵩山地区的黄土丘陵形态显得异常陡峻（李洋，2014）。这种地貌特征不仅影响了嵩山的自然景观，也影响了当地的水文特征。嵩山的地貌主要由黄土台地和黄土丘陵组成，这种地形地貌使得当地的河流在流经时呈现出陡涨陡落的特点。同时，由于山体石质主要为下元古代前震旦纪千枚岩、石英岩、石英片岩、硅质灰岩组成，这些岩石的特性使得嵩山的水文循环更为活跃。

3. 植被

嵩山地区的植被丰富多样，具有明显的垂直分布特征。根据不同的海拔和地形条件，植被类型也各有不同。在嵩山的南坡，自下而上可以分为四个主要的植被垂直带：低山丘陵灌丛草甸及农作物植被带、低山针阔叶混交林带、中低山落叶阔叶林带、山顶稀树灌丛和草甸带。这些垂直带反映了不同海拔和地形对植被的影响（刘勇伟，2023）。在低山丘陵灌丛草甸及农作物植被带，主要是由低矮的灌木和草地组成，其中也包括一些农作物。这个区域的植被变化较大，受人类活动的影响也较大。低山针阔叶混交林带是嵩山地区较为典型的植被类型之一。这个区域的林木种类繁多，包括针叶树和阔叶树，如松、柏、杨、柳等。这些林木的形成与当地的气候和土壤条件密切相关。中低山落叶阔叶林带主要分布在嵩山的山腰和山脚地带。这个区域的林木以落叶阔叶树为主，如枫、栎、栗等。这些树木的叶子在秋季会变成金黄色或红色，为嵩山增添了美丽的景观。山顶稀树灌丛和草甸带是嵩山地区最高的植被垂直带。这个区域的林木较为稀疏，主要是由一些耐寒的灌木和草地组成。这些植被在嵩山的山顶和山坡上广泛分布。此外，嵩山地区还有许多珍稀植物，如“嵩山古柏”“嵩山银杏”等。这些珍稀植物的存在为嵩山的植被增添了更多的特色和魅力。

二、自然资源

1. 山石景色

嵩山的山石特色首先体现在其地质构造上。嵩山地区的地质构造复杂，主要由古老的变质岩和火山岩组成。这些岩石经过亿万年的风化和侵蚀，形成了嵩山独特的山石景观（张晓旭，2022）。在嵩山的山石中，最为有名的当数嵩山的“少室石”。这种岩石因其产于少室山而得名，是一种变质岩。少室石的表面呈现出独特的纹理和色彩，有的呈现出黑色、灰色、红色等多种颜色，有的则呈现出大理石般的纹理和光泽。这种岩石不仅具有观赏价值，还因其坚硬耐磨的特性而被用于制作砚台等工艺品。除少室石外，嵩山的山石还有许多其他种类的岩石，如花岗岩、流纹岩等。这些岩石各有特点，有的呈现出独特的纹理和色彩，有的则具有较高的硬度和耐久性（李爱增等，2022）。这些岩石在嵩山的自然景观中起到了重要的作用。

此外，嵩山的山石特色还体现在其峰峦和峡谷上。嵩山的峰峦陡峭、峡谷幽深，给人留下深刻的印象。在嵩山的峰峦中，太室山和少室山是最为有名的两座山峰。太室山因其主峰酷似一头大象而得名，少室山则因其山势陡峭、峰峦叠嶂而得名。这些峰峦不仅具有观赏价值，还是登山爱好者的挑战目标。除了峰峦外，嵩山的峡谷也是其山石特色的重要体现之一。嵩山的峡谷多由流水侵蚀而成，有的深邃幽长，有的宽阔壮观。其中最为出名的当数嵩山的“九龙峡”，这是一条由九个峡谷组成的峡谷群，峡谷之间相互交错，景色壮观。

2. 溶洞景观

嵩山的岩溶景观特色首先体现在其喀斯特地貌上。嵩山地区分布着大量的石灰岩和白云岩等可溶性岩石，这些岩石经过亿万年的风化和侵蚀，形成了嵩山独特的岩溶地貌。在嵩山的岩溶地貌中，最为常见的景观是石芽、溶洞、落水洞、地下河等。

石芽是嵩山岩溶地貌中的一种常见景观，它是地表溶沟槽的化学侵蚀过程形成的地貌形态。石芽的形状各异，有的呈柱状，有的呈板状，还有的呈锥状。这些石芽表面光滑，呈现出独特的纹理和色彩。

溶洞是嵩山岩溶地貌中的另一种常见景观。在嵩山地区，有许多大型的溶洞，如嵩山书院附近的莲花洞、少林寺附近的仙人洞等。这些溶洞内部形态各异，有的溶洞宽敞高大，有的则狭窄曲折。在溶洞内，可以欣赏到千姿百态的石笋、石幔、石花等岩溶景观（徐潇，2020）。尊岭口西侧的奥陶系下马家沟组灰岩顶部有多处古溶洞。少林寺西北的扳倒井灰岩分布区，地表岩石露头被侵蚀溶解，形成了溶坑。在西刘碑村西南 1 千米的河段上，两岸岩壁高达 20～30米，怪石嶙峋，石灰岩受河水的侵蚀和溶蚀，形成了峡谷地貌。河流因崩塌形成了槽形，南岸有一溶洞，塌石块错落，直径 1 米左右，长约 10 米，人可爬行而过。此处岩石垂直节理发育造成了宽窄不一的石缝，犹如“一线天”（李洋，2014）。

落水洞和地下河也是嵩山岩溶地貌中的重要景观。落水洞是地表水流入地下河的入口处，通常比较深邃。地下河则是地表以下流淌的河流，具有独特的生态环境和生物群落。

3. 天然地质

嵩山作为五岳之一的嵩山山脉的核心区域，其地质构造与自然景观的完美融合，使之成为一座天然地质博物馆。这里的地层出露齐全，从太古界到新生界都有涉及，三大岩类发育完全，褶皱、断裂构造形迹纵横展布，反映出历次构造不整合面的典型发育（张硕，2017）。这座博物馆的构造遗迹十分丰富，有嵩阳运动、中岳运动、少林运动、加里东运动、印支运动、燕山运动等重要的地质历史事件。嵩山地区蕴藏着丰富的古生物化石，这些化石记录了地球生命演化的历史，为科学家提供了宝贵的研究资料。

溶洞是嵩山的另一大特色。在长期的物理化学作用下，岩石被溶蚀形成各种奇特的形状和景观。这里有石芽、石笋、石幔、石花等丰富多彩的岩溶景观，还有地下河、溶洞等神秘的自然现象。

此外，嵩山还保存了许多古冰川遗迹。嵩山地区经历了多次冰川活动，形成了独特的冰川地貌。这些地貌类型和沉积物为我们提供了宝贵的地质信息，帮助我们了解地球气候变化的历史和机制。此外，嵩山还蕴藏着丰富的矿产资源。煤炭、铝土矿等矿产资源的储量可观，为河南省乃至中国的经济发展提供了重要的物质基础。这些矿产资源的开发利用不仅推动了当地经济发展，也提供了研究地质构造和成矿规律的重要实践机会。

三、人文资源

1. 建筑群

少林寺的建筑群主要包括少林寺大雄宝殿、钟楼、鼓楼、山门、天王殿、藏经阁、法堂等。这些建筑风格独特，具有极高的历史和文化价值。少林寺大雄宝殿是少林寺的核心建筑之一，是供奉佛像和僧人念经的地方。大雄宝殿采用传统的中国宫殿式建筑风格，屋顶采用黄色琉璃瓦，显得富丽堂皇（徐潇，2020）。钟楼和鼓楼位于少林寺的两侧，是佛教法事活动的重要场所。钟楼内有一口大钟，鼓楼内有一面大鼓，分别用于报时和集结僧人。山门是少林寺的标志性建筑之一，位于寺庙的前方。山门采用传统的牌坊式建筑风格，上面镌刻着“嵩山少林寺”的字样。天王殿是少林寺的迎客殿，殿内供奉着弥勒佛像和四大天王像。天王殿采用歇山式建筑风格，显得庄重而肃穆。藏经阁是少林寺的文献资料库，收藏着大量的佛教经典和文物。藏经阁采用重檐歇山式建筑风格，显得古朴而典雅。法堂是少林寺僧人讲经说法的地方。法堂采用宫殿式建筑风格，显得庄重而神圣。除了以上主要建筑外，少林寺还有许多其他的建筑和景点，如方丈室、禅堂、斋堂、观音殿、罗汉堂等。这些建筑风格各异，具有浓厚的地方特色和佛教文化氛围。

2. 禅武医

少林寺的禅武医文化，即少林禅宗、少林武术和少林医学的结合，是中国传统文化的重要组成部分，也是少林寺独特的文化遗产（郑鹏等，2018）。在明代万历至天启年间，无言正道主持少林寺期间，由于对少林禅学、武学和医术的大力提倡并身体力行，使少林的禅宗、武术和医学有机地结合起来，形成了完整的少林禅武医理论和实践体系。

少林禅宗是少林寺的核心，也是中国佛教禅宗的重要代表。禅宗强调内心修行，注重实践体验，倡导“悟道成佛”，强调“禅修心性”。在少林寺，禅宗的修行不仅仅是念经打坐，更是注重实践和体验。这里的僧人通过禅修、念佛、坐禅等方式，修炼自己的内心世界，达到心灵的净化和升华。

少林武术是少林寺的另一大特色。少林武术起源于少林寺，是中国武术的重要组成部分。少林武术不仅是一种攻防技巧，更是一种修行方式。这里的僧人通过练习武术，修炼身心，达到“以武修禅”的目的。少林武术的招式和套路注重内外兼修，形神兼备，体现了中国武术的精髓和少林禅宗的哲学思想（皮瑞等，2017）。

少林医学是少林寺的又一独特文化。少林医学是中国传统医学的重要组成部分，也是少林寺僧人修行的一种方式。这里的僧人不仅学习医学知识，还通过行医看病的方式，为信众解除病痛。少林医学注重人体内在平衡和外在环境的和谐统一，强调预防为主、治疗为辅的原则，体现了中国传统医学的精髓和少林禅宗的慈悲精神（管世超，2018）。

在少林寺，禅、武、医三者相互融合、相互促进，形成了一种独特的文化现象。这里的僧人通过禅修、武术和医学等方式，修炼身心，达到内心的平静和升华。同时，他们也用自己的修行和实践影响着信众和社会，传播着中国传统文化和佛教哲学的智慧与力量。

第四节　样本介绍与样本选取

旅游网站是挖掘游客感知的数据来源，以“少林寺”为检索关键词，选取美团网、携程旅行网、同程网、穷游网、马蜂窝旅游网等线上旅游平台的评价信息为样本。因此，本节主要涉及样本介绍与样本选取。其中，样本介绍主要全文摘抄热心游客的在线游记，希望使读者了解游客在线评价；样本选取主要介绍各互联网旅游企业平台的数据量。

一、样本介绍

本节主要选取美团网、携程旅行网、同程网、穷游网、马蜂窝旅游网等网友评论，其主要内容如下：

Dreamlu（美团网网友）说：记得小时候看武打片，记忆最深刻的莫过于少林寺的武僧了，心中感觉他们真的很厉害，一根棍棒走天下。今天终于来看了看真实的少林寺。群山中环绕着几个古老的建筑，没错啦，就是少林寺了，建筑依旧保留着岁月的痕迹。看得出是经过细心维护的。过年期间来这的游客着实不少，很多是从外地过来祈福的。寺中还有很多碑文，上面都篆刻着历朝历代的一些故事，细细来品味一下，着实增长了自己的知识储备。走到最后还有塔林，里面主要是为历代住持或者高僧建设的安息之地。保存得相对完整，看起来还是很震撼人心的。

小木板的纪念册（携程旅行网网友）说：看了那么多地方的银杏，有没有来嵩山少林寺看看呢？这里有一棵寿命达 1 500 年的古银杏树，历经沧桑，见证了世事变迁。每年 11 月，银杏树金灿灿的一片，惊艳了世人。这棵银杏树位于天王殿前，是登封市现存最古老的一株。据测量结果，银杏树高 25 米，冠幅达 37 米。这是一棵光棍树，只开花不结果。走进少林寺，一进门便可看见，一条通向天王殿的路，殿前共有三棵银杏树，入口两棵相对生长，最古老的千年银杏位于里面天王殿门前。大殿两侧各有一条通道，红色的围墙上光影斑驳，红墙上的青瓦落满了银杏叶，古朴的寺庙与过路的僧人，飘扬的黄叶与回响的钟声，走在这里仿佛时光慢了下来。

寻梦观世界（同程网网友）说：嵩山少林景区我几年前随单位组织游玩过，嵩山少林景区位于河南省登封市境内，地处少室山腹地，面积 70.83 千米^2，享有世界文化遗产、世界地质公园、国家森林公园、国家重点风景名胜区、国家首批 AAAAA 级景区等桂冠。少林景区人文景观星罗棋布，知名景点包括少林寺、塔林、初祖庵、达摩洞、二祖庵等 20 余处，其中源自少林寺的少林功夫，不仅是中华武术的重要组成部分，也是宝贵的文化遗产，享有“天下功夫出少林，少林功夫甲天下”的赞誉。少林景区自然景观雄奇壮丽，集中于少室山三皇寨，代表景观包括书册崖、悬空栈道、一线天、猴子观云海、悬天洞等 40 余处，其荟萃了五岳之精华，藏纳了三山之灵气，以峰奇、石怪、路险、景尧而成为嵩山自然风光的代表。自古山川秀、富山无空奥，作为中国旅游的经典名片，嵩山少林景区将传承华夏文明圣火，笑迎四海宾朋，展示祥宗祖庭与文化圣山的魅力。

爱旅行的草莓熊（穷游网网友）说：少林寺是中国久负盛名的佛教寺院，也是少林武术的发祥地。少林寺不仅因其古老的佛教文化名扬天下，更因其精湛实用的少林武功而驰名中外。2023 年春晚舞台，赵文卓携少林武僧团、河南少林塔沟武校，带领我们穿越百年古画，梦回千年少林，看中华武学时代闪耀，一招一式都是震撼。少林寺建筑群主要包括常住院、塔林、初祖庵、达摩洞等，为典型的汉传寺庙风格。自 20 世纪 80 年代电影《少林寺》播放起，少林功夫开始名扬世界，在此可以了解到少林寺历代高僧的生平。

逛吃逛吃的胖子（马蜂窝旅游网网友）说：吃了一顿饱饱的烩面，开车前往少林寺。作为河南人，三十好几带老婆孩子回家时才第一次来少林寺，惭愧惭愧！少林寺给你的第一印象是什么？天下功夫出少林？少林七十二绝技？其实少林还是禅宗祖庭，是达摩祖师面壁十年开创的。少林寺景区里其实有好几个不错的景点：首先是少林武校表演，然后到少林禅寺参观，旁边还有十方禅院，再往前是塔林，好像还有一个三皇顶，不过我们没看。传说少林寺商业化得很厉害，不过我们这次去没感觉到啊，也没有什么假和尚硬跟着要你买东西。到了禅寺里还有师父主动给你免费讲解介绍少林寺各处的典故，师父看起来也很有文化的样子，讲解得也很清楚。就是讲解的内容一大半都是在给释永信正名。在少林寺还有个小插曲，手机不小心遗失了，发现后赶紧到原地找，几名游客拿着手机一直在等我们，世界还是好人多啊。对了，我们去时正碰上少林寺举办世界禅宗大会，有好多的外国少林俗家弟子，黑皮肤的、白皮肤的、金发碧眼的，老多了。

二、样本选取

旅游网站是游客和旅游管理者获取游客对旅游地形象感知的主要来源，本书以“少林寺”为检索关键词，综合考虑市场影响力、生活习惯及可获取性因素，选取美团网、携程旅行网、同程网、穷游网、马蜂窝旅游网等线上旅游平台的评价信息为样本。在市场影响力方面，携程旅行网是我国线上旅游平台的标杆，连续四年被评为中国第一旅游集团；马蜂窝旅游网是线上旅游行业新锐，能提供全面的景点介绍、美食、交通等旅行攻略，在国内旅游网站排名第二。同程网拥有全国齐全的旅游产品线，行业首创点评返现金服务吸引大量游客分享旅游感受，当前全国排名第七。穷游网是国内领先的旅游分享社区，以论坛交流的形式吸引青年用户讨论旅游见闻，国内排名第九。在生活习惯方面，美团网是国内规模最大的团购网站，服务涵盖生活、旅游、出行等方方面面，是游客了解旅游地网络口碑的首选。利用八爪鱼数据采集器本书共获取11 981条评论数据，627 742字，如表7-1所示。

表7-1 各在线旅游平台获取的数量

	评论数（条）	字数（字）	Alexa全球排名
美团网	4 667	179 615	587
携程旅行网	3 777	227 042	3 395
同程网	3 043	159 008	60 833
穷游网	494	49 562	45 425
马蜂窝旅游网	103	12 515	6 231

第五节　实证分析

本节主要对嵩山少林风景区进行了数据预处理，LDA 主题挖掘分析和 LDA 主题情感分析以及主题词网络分析。

一、数据预处理

为保证数据质量和分析处理的准确性，需要在此基础上对本书数据进行必要的预处理，其主要步骤如下：第一步，汇总各网站数据存储到一个 EXCEL 文档，剔除用户名、图片等无关要素，删除重复评论，剩余 10 671 条。第二步，删除低于 15 字及无实际意义的评论，剩余内容完整并且有情感倾向的评论数据 9 247 条，534 624 字。第三步，建立分词词表，利用 Python 中 jieba 模块分析数据文档，将每条评论文本切分成一个个独立词汇，形成最初的特征词文本。第四步，将与形象感知无关的特征词，如“我们”“总体”“然后”等代词、连词、介词添加到停用词表。此外，对同一感知形象的相近或同义表达添加到归并词表，如“武术表演”“功夫表演”等统称为“武术表演”，“塔林”“灵塔”等统称为“塔林”，“商业化”“商业气息”等统称为“商业化”，达到特征词降维的目的。第五步，重复以上特征词降维过程完成数据清洗，按词频高低排序用于少林寺旅游地形象主题挖掘。经预处理后，特征词词频统计结果如表 7－2 所示。

如表 7－2 所示，高频特征词是旅游地形象感知的抽象表达，能够体现游客关注的主题和体验感受最突出的部分。高频特征词从词性上看主要有名词（61%）、形容词（24%）和动词（15%）。其中，名词主要反映自然与人文旅游资源、基础设施及景区区位。动词主要反映游客行为、旅游活动、旅游感受。形容词主要反映游客的心情、态度及评价。从出现频率最高的 10 个特征词来看，“少林寺”“不错”作为旅游目的地和游客普遍感受，反映出游客对嵩山少林风景区的整体感知较为正面；“索道”列于第三，是景区重要的基础设施，也是游客印象深刻的娱乐体验；排名四、五、八的“三皇寨”“风景”“嵩山”，均是嵩山少林风景区的自然旅游资源，尤其是三皇寨知名度较高，说明欣赏自然风光是游览嵩山少林风景区的重要感知组成部分；排名第六的是“武术表演”，通过表演的方式充分展示了少林文化，给旅客留下独特的游览感知；排名第七和第九的是“少林”和“少林功夫”，少林可作为一张旅游文化名片，是游客对少林寺的代表性认知，而少林功夫被游客广泛提及可认为是少林文化的一种代表；排名第十的“门票”，体现出门票价格因素也能影响到游客对景

表 7－2　嵩山少林风景区形象感知的高频特征词

序号	特征词	词频	序号	特征词	词频	序号	特征词	词频	序号	特征词	词频
1	少林寺	5 094	21	步行	635	41	少室山	337	61	拍照	180
2	不错	3 184	22	停车场	626	42	登封	304	62	饭店	176
3	索道	1 950	23	商业化	618	43	郑州	299	63	管理	175
4	三皇寨	1 542	24	节假日	597	44	坑人	293	64	禅宗祖庭	165
5	风景	1 275	25	著名	590	45	亲子游	292	65	千年古刹	165
6	武术表演	1 167	26	历史	517	46	电瓶车	283	66	不大	160
7	少林	1 092	27	性价比高	512	47	中岳	282	67	壮观	158
8	嵩山	974	28	和尚	510	48	一日游	270	68	武校	157
9	少林功夫	875	29	一般	499	49	电影	251	69	栈道	156
10	门票	852	30	佛教	496	50	自然环境	250	70	古建筑	147
11	感觉	831	31	推荐	495	51	小时候	245	71	设施	147
12	寺庙	829	32	优美	483	52	排队	234	72	免费	147
13	塔林	817	33	收费	472	53	世界文化遗产	226	73	银杏树	146
14	文化	747	34	导游	471	54	嵩阳书院	210	74	票价	145
15	爬山	737	35	河南	419	55	讲解	201	75	圣地	138
16	失望	728	36	精彩	413	56	很累	200	76	交通	132
17	建议	727	37	遗憾	411	57	工作人员	196	77	吊桥	131
18	山门	726	38	服务	399	58	高僧	192	78	方丈	131
19	有趣	705	39	达摩洞	379	59	慕名而来	192	79	打车	124
20	人多	660	40	性价比低	340	60	武僧	190	80	没啥意思	122

区的形象感知。

二、LDA 主题挖掘分析

在预处理基础上，利用 Python 语言对少林寺旅游文档进行 LDA 模型训练，挖掘其中的主题分布式结构特征。LDA 模型主题聚类的提取效果和主题数的确定有直接关系，本书研究使用困惑度算法确定最优主题数。通过查阅预估主题数文献，结合文档数据特征将主题数区间设置为 [1，15]，调用 matplotlib 绘图库将各主题数下的困惑度值可视化，如图 7－3 所示。根据困惑度越低文档归属于某一主题的概率越高原则，发现随着主题数增加，困惑度总体呈波动增长趋势，但在主题数为 2、5、8 处分别出现拐点可作为备选主题数，结合之前旅游地感知识别研究成果，如果主题数较小则可能无法形成表意明确的主题，而 8 之后困惑度直线上升，则主题之间特征词的重叠现象会越发明显，故选取 8 作为最优主题数代入 LDA 模型，每个主题依次提取 15 个权重较高的特征词。

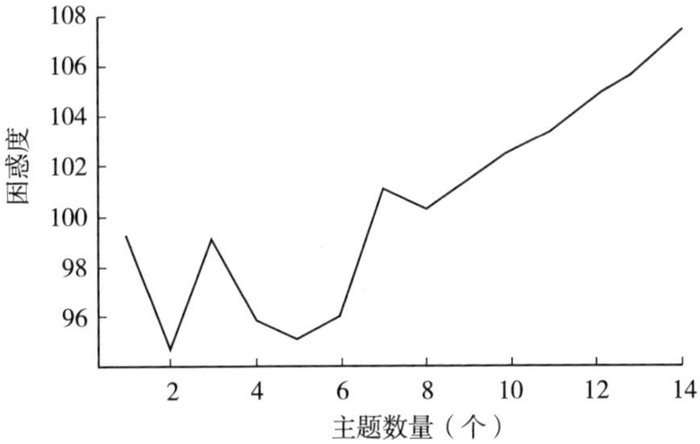

图 7－3 困惑度—主题数量折线图

在对少林寺旅游文档进行 LDA 模型训练后，可以得到少林寺的 LDA 模型的主题—特征词，分布结果如表 7－3 所示。其中，Topic＃0 中的特征词，可总结为游客对嵩山少林风景区的门票、重要景点等产生诸如性价比高低、是否有意思等各种感受评价，主要反映游客对景区的体验评价感知；Topic＃1 中的特征词，可总结为景区空气清新，风景优美，尤其是秋季适合亲子游，自然条件得天独厚，主要反映游客对景区的自然环境感知；Topic＃2 中的特征词，可总结为景区在节假日时工作人员应对排队的人流、车辆拥堵及卫生间、停车场等基础设施的管理和服务能力，主要反映游客对景区管理服务方面的感知；Topic＃3 中的高频词，可总结为景区所拥有的“三皇寨”“塔林”“达摩洞”“古建筑”“武术表演”等自然和人文旅游资源，主要反映景区的旅游资源感知；Topic＃4 中的特征词，可总结为少林寺历史积淀深厚，是著名的佛教圣地，被誉为禅宗祖庭、世界文化遗产，主要反映景区的历史文化感知；Topic＃5 中的特征词，可总结为很多从小就有少林情怀的游客慕名而来，感觉到的“商业化氛围”“精彩的武术表演”“整体觉得还不错”等各种感受，反映游客对景区的游览感受；Topic＃6 中的特征词，可总结为少林寺位于河南省郑州登封市的中岳嵩山的少室山中，反映出景区的区位景观；Topic＃7 中的特征词，可总结为景区中的基础设施能支持游客入园步行游览、爬山赏景、坐电瓶车或其他收费项目的体验，反映出游客对景区基础设施的感知。

表 7－3　主题—特征词分布表

总文档数	文档数（条）	主题	特征词
9 247	1 663	Topic＃0	门票、导游、少林寺、一般、山门、收费、性价比低、性价比高、坑人、感觉、讲解、建议、饭店、没啥意思、拍照
	1 358	Topic＃1	不错、风景、有趣、推荐、优美、自然环境、亲子游、性价比高、空气好、设施、交通、千年古刹、有点累、一日游、季节
	940	Topic＃2	人多、节假日、失望、停车场、服务、排队、管理、建议、工作人员、混乱、设施、卫生间、干净、堵车、收费
	1 258	Topic＃3	少林寺、三皇寨、塔林、步行、索道、遗憾、达摩洞、武术表演、山门、爬山、建议、寺庙、一日游、吊桥、打车
	1 163	Topic＃4	少林寺、文化、少林功夫、著名、历史、佛教、寺庙、少林、河南、嵩山、世界文化遗产、禅宗祖庭、圣地、高僧、文物
	1 364	Topic＃5	武术表演、少林寺、商业化、感觉、和尚、精彩、不错、寺庙、小时候、电影、少林功夫、少林、武校、慕名而来、塔林
	667	Topic＃6	少林寺、少林、嵩山、中岳、郑州、登封、嵩阳、书院、银杏树、山门、少室山、门票、宾馆、塔林、大雄宝殿、碑林
	833	Topic＃7	索道、爬山、三皇寨、建议、风景、电瓶车、少林寺、很累、嵩山、步行、老人、感觉、观光车、门票、收费

接下来，在人工层面聚合为更加凝练的感知维度，形成游客感知聚类结果，如图 7-4 所示。

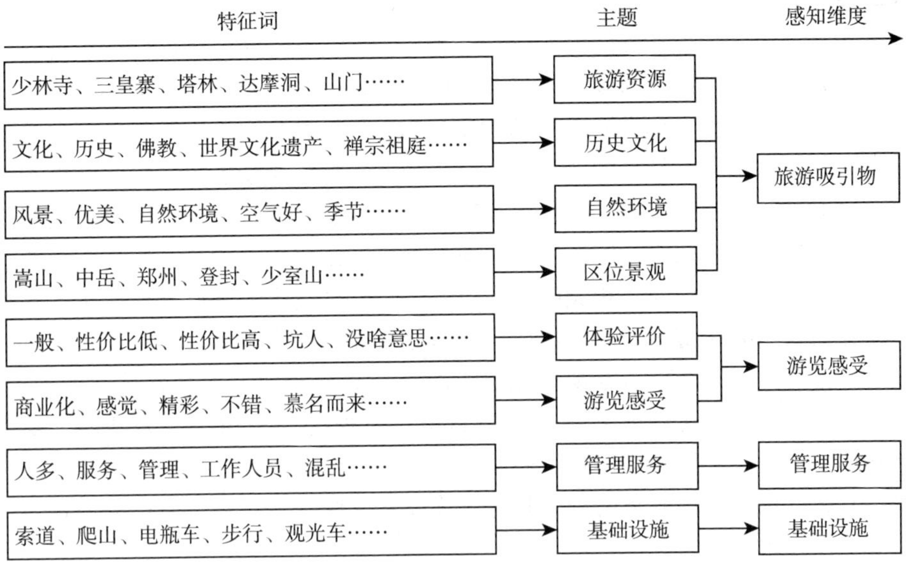

图 7-4　LDA 主题聚类结果

如图 7-4 所示，旅游吸引力维度包含旅游资源、历史文化、自然环境和区位景观四类主题，涵盖最多评论文档数量，在各感知维度中重要性最强。一方面，旅游资源和历史文化主题可理解为嵩山少林风景区的人文景观形象，少林寺建筑群始建于隋末唐初，之后规模逐渐扩大，历史上多遭劫难，经历数次修缮与重建，带有辉煌和神秘的色彩。游客感知频率较高的“塔林”“达摩洞”“山门”等均有数百年的历史积淀，具有较高的旅游吸引力是游客来访必游景点。同时，寺院的中心建筑大雄宝殿、唐宋以来篆刻的碑林、乾隆手书的少林寺牌匾、武僧练功留下的脚坑等重要旅游形象却没能使游客产生深刻感知。此外，少林寺享有“世界文化遗产”“禅宗祖庭”“功夫发源地”等盛誉，在游客形象感知中被多次提及，说明少林寺已成为一种特定文化符号。少林寺精心打造的新文化宣传形式“禅宗少林・音乐大典”在游客感知中频率却很低，可见在交通、时间等方面与游客认知产生了偏差。另一方面，自然环境和区位景观可理解为嵩山少林风景区的自然景观形象，少林寺得名于坐落少室山密林深处，环绕于山林美景之中。反映在游客感知中有三皇寨险峻挺拔、书册崖奇特、风景优美、空气好等，游客感受少林文化时也能领略嵩山的自然美景。同样，在自然形象传播中少林寺常住院对面的“卧佛”“观星台”“好汉坡”等自然景观在游客感知中频率较低，需要加强相关形象宣传。

游览感受维度包含体验评价和游览感受两个主题，其中“商业化”感知受游客争议最大，由此产生出大量正面或负面的情绪感知，也使少林寺有了“大争之寺”的称号。少林寺的商业化运营源于其第33代方丈释永信，积极引入商业化运作方式，设立商标、组建商演团队、设立各类型公司等商业行为，将贫穷破败的寺院变为享誉海内外的“富庙”，改变了人们的传统印象。少林寺游玩感知中出现频率最高的特征词为“不错”，首先能肯定景区的发展卓有成效。但不可忽视的还有如“性价比高”“性价比低”等高频感知形象，说明价格因素对游客的感知有一定影响。商业化发展一定程度上提升了吃住行游购娱乐体验的满意度，但与之相关的“票价”“收费”“坑人”等感知的产生，却很大程度上影响潜在游客的旅游意愿。随着旅游业的深入发展，景区接待游客的数量仍会上升，游客付费参观理想中宁静适合冥想的地方本身就是一种矛盾，因此，如何在商业化条件下营造佛教意境，值得进一步讨论。另外，主要为“一般”“失望”“遗憾”“没啥意思”等对景区的总体评价感知，即对景区自然、人文景观，管理服务的综合打分，需要景区管理者重视旅游产品质量，在细节上提升旅游体验。

管理服务维度相比前两个维度，整体文档数量大幅下降，体现出宗教型旅游目的地着重旅游吸引物与游览感受的特性。少林寺每年接待成千上万的游客，即使在后疫情环境下游客数量有所减少，但在春节、休假日、寒暑假等游客集中出行的时间节点，仍然十分考验景区的管理服务能力。一方面，从游客感知程度较高的“排队”“混乱”“堵车”“假和尚”等词可以看出景区内部的管理能力存在一定程度的不足，导致出现“观看武术表演排不上队”“停车场进出难”等问题。另一方面，是景区工作人员提供游客接待、环境卫生、安全保障、餐饮等服务能力。少林寺环境卫生服务在游客评论中多与“干净”“很好”关联。游客兴趣浓厚的少林欢喜素斋，形成的感知多是服务与价格“不相匹配”。总体而言，有关服务的特征词词频为399，多存在“没有服务意识”“服务有待提高”的表述，影响了游客对少林寺的形象塑造。

基础设施维度的文档数量最少，但并不代表对少林寺旅游形象的感知影响不强。该维度下分布概率最大的是索道，在词频表中排名第三，主要有通往三皇寨的“少林索道”、通往二祖庵的“嵩阳索道”。作为欣赏山景提升游览乐趣的重要基础设施，给游客留下了深刻印象。此外是“爬山”“步行”“电瓶车”“公交”“打的”等交通方式感知形象，特别注意的是“电瓶车”是游客最愿意接受的交通辅助方式。

三、LDA主题情感分析

基于LDA主题聚类维度挖掘各维度下游客的情感倾向，进一步识别影响游客感知的情感因素。首先使用ROST EA软件分析评论数据的总体情感，分段统计结果显示积极情绪45.67%、中性情绪0.94%、消极情绪53.39%。反映出游客对少林寺旅游地的总体感知偏向消极，即使忽略部分评论的主观性和随意性，仍存在大量的消极感知。观察消极情绪的内部结构发现，程度多集中在一般，且高度消极程度数量远小于高度积极程度数量，也印证了在高频特征词中“不错”作为游客对少林寺主要感知情绪是合理的（表7-4）。

表7-4　文档各维度情感分布

	积极情绪	程度分布	中性情绪	消极情绪	程度分布
总体样本	45.67%，4 472条	一般：20.44%，2 001条 中度：11.66%，1 142条 高度：13.57%，1 329条	0.94%，92条	53.39%，5 228条	一般：15.51%，1 519条 中度：5.46%，535条 高度：3.10%，304条
旅游吸引物	54.61%，2 958条	一般：22.19%，1 202条 中度：14.34%，777条 高度：18.08%，979条	0.92%，50条	44.47%，2 409条	一般：11.72%，635条 中度：4.14%，224条 高度：2.33%，126条
旅游感受	39.36%，1 208条	一般：20.82%，639条 中度：9.03%，277条 高度：9.51%，292条	1.04%，32条	59.60%，1829条	一般：18.57%，570条 中度：6.03%，185条 高度：3.68%，113条
管理服务	32.38%，307条	一般：17.40%，165条 中度：9.39%，89条 高度：5.59%，53条	0.63%，6条	66.99%，635条	一般：24.47%，232条 中度：10.13%，96条 高度：5.80%，55条
基础设施	35.57%，307条	一般：18.31%，158条 中度：7.87%，68条 高度：9.39%，81条	1.39%，12条	63.04%，544条	一般：20.16%，174条 中度：6.14%，53条 高度：3.24%，28条

旅游吸引物维度构成了嵩山少林风景区的积极情绪感知的主要方面，从评论数量上看，旅游吸引物维度远多于其他感知维度。嵩山少林风景区风景秀丽、奇山异石美不胜收，相关的游客感知基本较为正面。少林文化涵盖以少林寺常住院为代表的少林寺古建筑群、最受游客称道的“少林功夫”“碑刻”“壁画”等主要形象，经常出现在影视剧、武侠小说等文艺作品中，深植于广大游客的记忆，实地游览后留下“庄严肃穆”“表演精彩”“底蕴深厚”等好评。旅

游感受维度积极情绪占比 39.36%，该维度的形成主要源于游客游览前的期望和游后情感变化的对比，包含对“山景”“功夫表演”“音乐大典”等重要标志物的称赞，形成“精彩”“值得一去”“下次再来”的积极感知。此外，还有少林寺的佛教底蕴、文化氛围等使游客慕名而来感受到精神的洗礼。管理服务维度和基础设施维度，从评论数量上来看受到的关注较少，且形成的积极感知相对较弱。在管理服务方面，少林寺常年被评为国家 AAAAA 级旅游景区，管理和工作人员提供服务的能力全国领先，游客感到景区环境“干净”、运营“有秩序”，因此增加好感。在基础设施方面，景区缆车设施受到游客最多称赞，“悬空栈道”和“连天吊桥”欣赏风景时也加深了游客情感体验，较远的景点配有公交车方便游客出行。同时，景区建设的停车场、卫生间、餐饮住宿等服务设施，提升了游客的旅行体验。

相较于各维度的积极情绪，更需要关注游客对少林寺的消极情绪的产生因素。旅游吸引物维度的消极感知较少，源于嵩山少林风景区所拥有的优质自然文化资产，但部分游客觉得古建筑经过现代技术“精修”，失去了原有的真实性。还有商业开发过度破坏了原有生态、部分景点不开放感到遗憾、少林文化弘扬缺乏创新等批评造成了负面感知。旅游感受维度的消极情绪仍然是以围绕“商业化氛围”展开，文化遗产的保护与旅游开发之间本身就存在不可调和的矛盾冲突，向商品转化的过程中以获利为目的难免会添加世俗化的娱乐体验，减少宗教氛围，如举办节庆活动、开展商业合作、推广销售商品等行为使佛门圣地失去“清静”。在此期间，可能存在商品或服务的价格不合理现象给游客带来负面感知，如特征词中出现“坑人”“性价比低”“远离僧人”等不愉快的旅游体验，降低了旅游质量。经过 30 多年的商业化开发，少林寺的“禅宗祖庭”原始宗教景观，在很大程度上已经转变为“走马观花”式的大众观光游，也使部分游客感到失望。管理服务维度消极感知占比最大，景区部分时间段人流量大造成不便是形成负面感知的主要因素，如“人多”拥挤时缺乏秩序，不仅影响体验质量，也存在一定安全隐患。评论中出现不少景区工作人员“服务不好”“态度差”的表述，也影响游客的感知情绪。基础设施维度消极情绪占比较大，一方面是游客对景区内部提供的食宿设施评价较低，如“难吃”“食宿贵”等感知，还有“卫生间脏”“休息处少”等影响旅游兴致，减少了游览时间；另一方面是景区外部特定时间停车场、售票处等重要支持设施管理混乱造成“耽误时间”、公交车频次低、黑车又太贵，破坏了少林寺的整体形象。

四、主题词网络分析

基于评论数据中特征词的聚类和情感分析，能揭示游客关注旅游地形象的主要维度、特征和所蕴含的情感，但无法反映特征词在语意间的联系及内在的深层次关系。因此，通过构建高频特征词共现矩阵，利用 UCINET 软件和 NET DRAW 可视化工具绘制嵩山少林风景区的语义网络图，如图 7-5 所示。根据 LDA 主题网络的聚类结果，将特征词按四个维度聚拢，其中节点的大小表示与该节点直接关联的节点的数量，即节点越大，该节点关联的节点就越多；节点间连接线的粗细表示两个节点间关联强度大小，即连接线越粗，两个节点间共现的次数就越多。

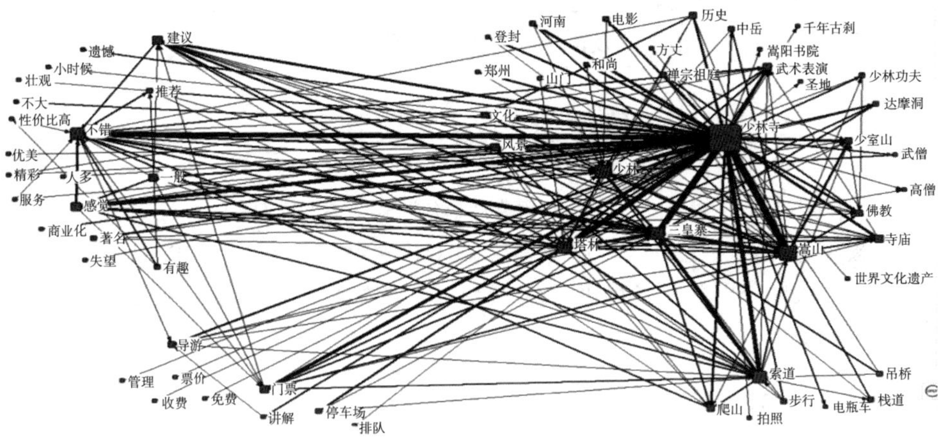

图 7-5 语义网络分析图

从主题维度聚类来看，根据节点大小可划分为以“少林寺”节点为核心的旅游吸引物维度、以“不错”节点为核心的旅游感受维度、以“门票”节点为核心的管理服务维度和以“索道”节点为核心的基础设施维度，且各维度间相互关联，但旅游感知维度聚类涵盖的节点数量最多，向外发出连线的数量也最多。说明景区运营需要各维度的负责主体相互协调，并且服务于旅游吸引物维度的建设。

从单一维度下的特征词的关系来看，旅游吸引物维度可注意到几乎所有的特征词都与“少林寺”相连，可以“少林寺”为核心圈层，“嵩山”“少林”“三皇寨”“塔林”“寺庙”为次核心圈层，其他为外围圈层的结构，反映了各感知节点对游客吸引力逐层级减弱。旅游感受维度大部分特征词与“不错”相连，构成了对景区游览体验的各类常见感知，是管理者需要着重改善的方向。管理服务维度和基础设施维度内部的连接较少，较大的节点和较粗的连接线均指向其他维度，仅考虑维度内部关联则节点普遍较为孤立，侧面印证这两维度的节点主要是作为另外两维度的“控制变量”，通过提升两维度节点的质量可有效提升游客对旅游地的游览感受。

从特征词间的关系来看，“少林寺”节点面积远大于其他节点，与绝大部分节点均有连接线，可作为游客的关注核心。“少林”“三皇寨”“嵩山”“塔林”“不错”“索道”节点可作为次核心，其他为外围节点。说明游客对嵩山少林风景区的核心感知为“少林寺”，节点向外的连线越粗，就代表游客游览少林寺的时候去其他景观节点的可能性就越大或形成某种感受越强。同样，观察次核心圈的相关节点，可发现其相互关联也可形成连接网络，但粗线条不多，表明游客游览次核心圈的景点时，可能会有选择地去其他相应节点景观。最外围节点多是对前两层的补充，相互提及的频率较少，可作为丰富游览体验的备选景点。

第六节　结论与建议

本节通过研究嵩山少林风景区的网络评论，利用 Python 模块工具进行 LDA 模型运算和人工归纳，将游客感知主题聚类，并利用 ROST EA 软件和 UCINET 软件分别分析各维度的情感特征和感知形象之间的关联关系并得出结论与建议。

一、结论

本书以嵩山少林风景区网络评论为研究样本，借助 Python 模块工具进行 LDA 模型运算和人工归纳将游客感知主题聚类，利用 ROST EA 软件和 UCINET 软件分别分析各维度的情感特征和感知形象之间的关联关系，通过研究得出以下结论。

游客对少林寺的高频感知形象依据词性归纳的类型与 LDA 模型得出主题分类结果基本一致。进一步通过人工归纳，最终得出游览少林寺的感知维度划分，即旅游吸引物维度、旅游感受维度、管理服务维度和基础设施维度，作为游客感知少林寺旅游形象的四大类主题。各感知维度分布概率较高的特征词，代表游客对嵩山少林风景区较强的感知形象是景区重要的吸引力来源，但如“音乐大典”“壁画”“卧佛”“浴佛节”“少室阙”等少林寺对外宣传的重要标志物、精心打造的文化活动却没能使游客形成足够的感知。

游客对少林寺的消极情态感知总体大于积极情态感知。积极情态感知主要由自然和人文旅游吸引物构成，消极情态感知中管理服务维度和旅游感受维度表现强烈，主要反映商业化氛围和产品服务的价格问题，颠覆了游客理想认知中少林寺的形象，从而使产生负面情绪。然而全国各类型旅游服务快速发展的大背景下，商业化利益与释永信方丈的“出世化”少林文化推广思路需要在发展中博弈形成利益平衡。

通过可视化游客对嵩山少林景区的感知形象关系，发现存在明显的极化特征。“少林寺”节点的面积大于其他节点，且呈对外放射的状态，主要的粗连接线也集中于“少林寺”。说明少林寺是游客情感和认知的集合点。其他感知形象节点向外的连接线远少于“少林寺”节点，还存在大量仅与“少林寺”相连的单一节点。这种情况下如何挖掘其他感知形象间的协同效应，形成区域内部的联动效果，成为景区发展建设的关键问题。

二、建议

首先，加强少林寺旅游资源的保护与传承。景区管理者要切实执行各级政府对少林寺旅游地保护的政策条例，宏观优化配置旅游资源，做到旅游资源开发与保护同步。嵩山少林风景区属于典型的人文资源密集型旅游地，常住院、塔林、碑林、山门、十方禅院等众多传承千百年的古建筑构成了景区的核心吸引力。要根据旅游资源开发与保护的实际条件制定景区发展规划，依托现代科技结合古建筑施工标准，维护和修缮历史文物，保持传统风貌，营造良好的少林文化氛围，实现旅游地的健康发展。

其次，加强景区内部旅游标志物间的联动关系。少林寺是嵩山少林风景区乃至整个嵩山风景名胜区的核心吸引力。登封市共有全国重点文物 1 127 处，可凝练为“三处”“三阙”，其中“三处”位于嵩山少林风景区内，“三阙”同为世界文化遗产位于嵩山景区内，景区管理者应充分发挥少林寺感知形象中心性高的特点，开发以少林寺游览为核心适合各类型人群和出行计划的旅游路线。通过有意识的引导，游客更多了解少林文化、嵩山文化，提高游客的游览意愿和停留时间，增加同其他重要旅游标志物的联动关系，带动登封市的旅游资源发展活力。

最后，提高商业化服务能力。商业化现象的产生源于市场需求及少林寺管理者、当地政府、投资商、当地居民等相互作用的结果，相关方通过商业化经营获得了巨额收益，但野蛮发展的背后却使游客对少林寺产生了大量负面感受。少林寺的成功发展是历代高僧和民众共同传承发扬的结果，而不只是当代的商业化运作，景区管理者应坚持弘扬传统文化的理念，协调各相关方的利益，整肃商业化现象，为游客提供优质的旅游服务。

第七节　本章小节

利用三层贝叶斯概率图模型，以少林寺为例，挖掘旅游地游客感知形象，并结合相关软件深度发掘游客的情感特征。在此基础上，引入社会网络模型构建感知词结构关联。经分析可知，游客对少林寺的消极情态感知总体大于积极情态感知，存在明显的极化特征。因此，加强少林寺旅游资源的保护与传承、加强旅游地内部旅游标志物间的联动、提高商业化服务能力有利于提升少林寺管理水平，优化游客感知。

第八章　利用内容分析法挖掘旅游地游客感知

前一章利用三层贝叶斯概率图模型分析了少林寺游客感知。本章会采用内容分析法，在“认知—情感”框架下，以云台山为案例，深度挖掘其游客感知，并利用复杂网络分析方法寻找游客感知评价关系，从而了解旅游消费者的态度，最终对提升旅游地的形象和促进旅游业的发展具有一定的现实意义。

第一节　导　　言

“认知—情感”理论认为，个体在不同情境下所表现出来的差异正是内部稳定而有机人格结构的反映，认知是情感开始的基础，情感是认知概念的延伸。因此，很多学者认为旅游目的地形象符合“认知—情感”模型，认知形象是对目的地的客观属性的认知，情感形象则是游客对目的地的情感表达，这两者共同构成了旅游地整体形象。同时，信息时代发展迅速，旅游业催生出众多在线旅游平台。游客在旅游网络评价中提取信息时会受到其干扰，正向评价、周边推荐等都会增加游客的好感度，在自身认知的基础上，将其他游客的心理活动带入其中，潜意识偏向选择此目的地。因此，本书利用内容分析法挖掘游客感知评价，并利用复杂网络分析方法寻找游客感知评价关系，从而了解旅游消费者的态度，最终对提升旅游地的形象和促进旅游业的发展具有一定的现实意义。

第二节　研究设计

为了更好地开展本章研究，主要采用内容分析法和扎根理论。第一，内容分析法是一种对传播内容进行客观、系统和定量的描述的研究方法。也是现在文献研究常用的方法，它将非定量的文献材料转化为定量的数据，并依据这些数据对文献内容做出定量分析，做出关于事实的判断和推论。第二，扎根理论。扎根理论是一种定性研究的方式，在研究之前，不设立理论假设，收集全面资料，观察原始数据总结出经验上升到理论中，并找出反映事物现象本质的核心概念，根据它们之间的关系构建理论。因此，综合内容分析法和扎根理论，本章首先利用 Rostcm6 采集同程网、携程旅行网、马蜂窝旅游网等知名在线平台有关评论，将格式转换成文本文档；其次，利用软件对文本进行分词处理，形成有效文本词汇；最后，经过词频分析（中文）、社会网络和语义网络、情感分析等功能进行分析。

第三节　案例介绍：云台山

云台山风景区位于河南省焦作市修武县境内，距离焦作市区 30 千米，总面积 280 千米^2，是云台山世界地质公园的主要组成部分。太行山以青山秀水为基础，加上多年来积累的开发，结合当地的民俗传统以及本地丰富的历史文化打造了包含人文、历史、自然美景于一体的生态旅游区。云台山景区以红石峡、子房湖、茱萸峰、猕猴谷、万善寺等作为向外展示的主要名片，展现了丰富的自然和人文底蕴。此外，云台山有着丰富的地质遗迹，已发现的岩层有 34 亿年的历史，并在 2004 年被联合国教科文组织评选为全球首批世界地质公园，在 2007 年成为国家 AAAAA 级旅游景区。云台山名誉众多，有着全球首批世界地质公园、首批国家 AAAAA 级旅游景区、国家森林公园、国家水利风景区、国家文化产业示范基地等一系列称号。

一、云台山概述

1. 地质

云台山位于太行山脉的南端，与华北平原接壤。太行山是太古宙古陆核出露区之一，有着漫长的地质发展历史。同时，也经历了多个地质构造演化阶段。其中，寒武纪—中奥陶世稳定浅海陆台沉积、石炭纪—二叠纪海陆交互相含煤建造，造就了特色鲜明的地质地貌景观。

云台山地质构造复杂，经历了多次地质构造运动，形成了多种地质构造形式。其中，褶皱、断裂和不整合等地质构造形式在这里都有体现。褶皱构造主要形成于中生代的挤压造山阶段，表现为岩石的弯曲和折叠。断裂构造则是在区域构造背景下，由于岩石受力达到一定程度后产生断裂，形成断层和节理。

云台山的多样地层，从太古宇到新生界都有相应的地层显现。其中，最古老的地层是太古宇古元古代的云梦山组，为滨海相红色碎屑岩沉积。元古宇时期，本区发生了大规模的海进和海退，形成了以碳酸盐岩为主的沉积地层。中生代时期，云台山地区强烈的地质运动，造就了今天丰富的矿产和特色景观（李波等，2011）。

2. 气候

云台山位于河南省焦作市修武县境内，其独特的地形和地理位置使其具有独特的气候特点。修武县是典型的温带大陆性气候，冬夏时间长，春秋时间短。冬季寒冷干燥，夏季炎热多雨。

在云台山每个季节都有其独特的景色。春季的云台山万物复苏，生机盎然。这个季节的气温温和，湿度适中，是旅游的最好季节。夏季的云台山则呈现出炎热多雨的特点，由于其高海拔地区的影响，气温通常比焦作市区低 5℃左右，因此也是避暑的好去处。秋季的云台山则是色彩斑斓的季节，山上的树叶会变成金黄色、红色和橙色，给游客带来视觉上的享受。冬季的云台山则是白雪皑皑的季节，由于其高海拔地区的影响，降雪通常比焦作市区早，雪质也较好，因此也是滑雪爱好者的好去处。

云台山的气温在一年中变化较大，最冷月平均气温在 0℃以下，最热月平均气温在 22℃左右。由于其高海拔地区的影响，气温通常比焦作市区低 5℃左右。云台山的降水主要集中在夏季，而且多以暴雨形式出现。此外，在春季和秋季也会有小雨出现。由于其地理位置和地形的影响，云台山的降水呈现出明显的地域性和季节性特征。云台山的风向以北风和东风为主，风速较大，特别是在冬季和春季。由于其高海拔地区的影响，风速通常比焦作市区大。云台山的日照时间在一年中变化较大，最长的日照时间在夏季，最短的日照时间在冬季。由于其高海拔地区的影响，日照时间通常比焦作市区短。云台山的湿度在一年中变化较大，最湿的季节在夏季，最干的季节在冬季。由于其高海拔地区的影响，湿度通常比焦作市区低（冯家沛，1996）。

3. 水文

云台山位于修武县的北部山区，纸坊沟河、山门河、清水河流经此地，水源主要靠大气降水来补充，因此呈现出强烈的季节性。旱季径流量锐减，汛期则水流暴涨。纸坊沟河是云台山景区内最主要的河流，其发源于茱萸峰，流经红石峡、青龙峡等景点，最后流入修武县境内的青檀谷。山门河发源于云台山南部的跑马岭，流经云台山南门、中门等景点，最后流入修武县境内的青檀谷。清水河发源于云台山北部的三官顶，流经云台山北部景区，最后流入修武县境内的清泉湖。此外，还有许多季节性自然河流和人工湖泊等水体景观，为游客提供了丰富的水景欣赏和游玩资源。

云台山地地下水主要来源于大气降水和地表水渗透。在漫长的地质年代里，这些水在地下循环流动，经过岩石、土壤的过滤和净化，形成了丰富的地下水资源。云台山景区的含水层主要是寒武系和奥陶系的石灰岩、白云岩；隔水层是寒武系页岩及震旦系石英岩、砂岩。这些水资源以泉水、井水等形式出露，为景区和周边地区提供了重要的生活和生产用水。其水质优良，含有丰富的矿物质和微量元素。在云台山景区内，一些重要的泉水景点，如古井泉、白鹿泉等，可以依稀看到历史的痕迹。这些水体经过千百年的沉淀和积累，见证了云台山的历史变迁和文化传承。

云台山的瀑布也是景区的一大亮点。云台山的瀑布数量众多，各具特色。其中最出名的当数红石峡瀑布，它位于红石峡景区内，高约 314 米，是中国单级落差最大的瀑布之一。当水流从高处倾泻而下时，水雾四溅，声势浩大，令人震撼。在阳光的照射下，瀑布的水流呈现出彩虹般的色彩，让人流连忘返。此外，还有龙凤峡瀑布、黑龙潭瀑布等，它们或气势磅礴，或柔美多姿，都为云台山增添了无限魅力。这些瀑布在流淌过程中，不断冲击着岩石和土壤，塑造出独特的峡谷地貌（韩小荣，2004）。

4. 植被

在独特的气候条件下，云台山的植被也表现出丰富多彩的特色。从低海拔到高海拔，云台山的植被依次为温带落叶阔叶林、温带针叶林和温带高山草甸。这些植被类型反映了气候的差异和地域的多样性。

在云台山的低海拔地区，温带落叶阔叶林是主要的植被类型。这里的树木主要有杨树、柳树、榆树、槐树等，它们在春季发芽，夏季茂盛，秋季落叶，为大地披上了一层金黄色的外衣。这里还有少量的温带常绿阔叶林，如青冈树、楠木等，它们四季常绿。

随着海拔的升高，温带针叶林逐渐取代了落叶阔叶林。这里的树木主要有松树、柏树、杉树等，针状的叶片能够有效地减少水分蒸发，适应高海拔地区的气候条件。此外，在针叶林中还有少量的落叶松林。

在云台山的高海拔地区，温带高山草甸成为主要的植被类型。这里的草甸主要由蒿草、早熟禾、苔草等组成（王永昌，2006）。

二、自然资源

1. 山石景色

云台山的山石景色以其雄奇险峻、千姿百态的石峰、石壁和石柱而著称。这些山石景观在漫长的地质年代里经过风吹雨打、自然侵蚀和地质作用的影响，形成了如今独特的形态和景观。在云台山景区内，可以看到诸如红石峡、青龙峡等峡谷景观，以及茱萸峰、叠彩洞等峰林景观，这些都是由不同形态的山石组成，展示了自然力量的鬼斧神工。

在云台山的山石景色中，红石峡是一个典型的例子。红石峡又名温盘峪，峡谷深藏于地下 68 米，集秀、幽、雄、险于一身，融泉、瀑、溪、潭于一谷，素来享有“盆景峡谷”的美誉。红石峡全长约1 500米，是由红色砂岩构成的峡谷。这里的山石呈现出独特的红色，与峡谷中的碧水相映成趣，构成了一幅美丽的画卷。此外，泉瀑峡也久负盛名。泉瀑峡又名老潭沟，有着上亿年的地质历史，经过长期的流水侵蚀和搬运作用，局部平面被强烈下切，形成了山雄水秀峰高瀑急的地质奇观。

除了自然景观，云台山的山石景色还融入了丰富的人文元素。在景区内的不少景点，可以看到古代文人墨客留下的诗词、碑刻等人文遗迹。这些人文景观与自然景观相互融合，为云台山的山石景色增添了更多的历史和文化内涵。

2. 湖光水景

云台山的河流众多，其中最为出名的要数纸坊沟河。这条河流发源于茱萸峰，流经红石峡、青龙峡等景点，最后流入修武县境内的青檀谷。纸坊沟河水清澈，水流湍急，形成了许多美丽的瀑布和深潭。在红石峡内，飞瀑流泉、溪流潺潺，游客可以近距离感受水流的欢快与活力。在青龙峡内，则有众多深潭碧波荡漾，倒映着峡谷的秀美景色。山门河发源于云台山南部的跑马岭，流经云台山南门、中门等景点，最后流入修武县境内的青檀谷。这条河流蜿蜒曲折，穿越在山间峡谷之中，在云台山南门、中门等景点处，溪流潺潺，水声悦耳。

云台山的湖泊也是一道亮丽的水文景色。子房湖是云台山内最大的湖泊，位于茱萸峰景区的北部，长度大约4 000米，湖水最深达65米，湖水清澈，与周边山脉交相辉映，为游客提供了宁静宜人的休闲场所。在湖畔漫步，远山近水尽收眼底。还有位于青龙峡景区的龙潭湖，其湖水幽深碧绿，倒映着周围的青山绿树，景色十分迷人。

3. 生物资源

云台山拥有丰富的植物资源，包括各种树木、花草、菌类等。这里的植物群落多样，从低海拔地区的落叶阔叶林到高海拔地区的针阔叶混交林和灌丛草甸，展现出植物演替的奇妙变化（何佩云等，2014）。比较独特的有太行红叶、红豆杉、山茱萸等。在云台山，游客可以欣赏到四季分明的植物景观，如春天的桃花、樱花，夏天的杜鹃等各种山花，秋天的红叶、黄叶，冬天的雾凇、雪景等。秋季来临，云台山陷入一片红色的海洋，随着阵阵秋风，红叶摆荡，激起阵阵波涛。云台山还是众多野生动物的栖息地。在此居住着金钱豹、猕猴、桃花水母等珍稀动物。桃花水母是云台山的特色物种，形似桃花的花瓣，是一种原始、低等的无脊椎动物，诞生于6.5亿年前，有着悠久漫长的历史，是一种濒危野生动物。在猕猴谷，还生活着另一种保护动物——猕猴，这些猕猴大约有1 000只，是云台山的重要“原住民”。茱萸峰是景区重点林区，这里植被茂密，森林覆盖率高达93%，是名副其实的“天然氧吧”，在茱萸峰曾多次发现野生金钱豹踪迹。在云台山，游客有时可以见到一些小型动物出没，如松鼠、山鸡等。这些野生动物的活跃为云台山的自然景观增添了更多的生机与活力。

三、人文资源

1. 佛教

云台山有佛教活动记载较早，后赵时期（319—351）就建立了元极寺。宋代以后，佛教在云台山进入平稳发展时期。发展至今，最有名的当数万善寺。

万善寺，俗名“沟坡寺”，又叫“狗刨寺”，建于明代弘治年间（1488—1505）。在历史上，万善寺经历了多次修缮和扩建。万善寺是临济宗的道场，寺内景观丰富，有铜佛、聚宝盆、枯井、望亲台等景观。寺前的古柏参天，这些树的树龄都在千年以上，见证了万善寺的沧桑岁月。沿着青石路前行，两旁的殿堂飞檐翘角，气势恢宏。寺内有大雄宝殿、藏经楼、钟楼、鼓楼、东西偏殿等建筑，这些建筑风格古朴典雅，给人一种庄重肃穆的感觉。万善寺的主体建筑是大雄宝殿，殿内供奉着释迦牟尼佛像，佛像高达 11 米，用纯铜铸造而成，表面贴金，熠熠生辉。佛像庄重肃穆，给人一种无尽的宁静与慈悲。大殿内的壁画和雕刻工艺也是极为精美，令人叹为观止。

藏经楼是万善寺的另一重要建筑，楼内收藏了大量的佛教经典和文物。这些典籍和文物涵盖了佛教的各个方面，为研究佛教文化提供了宝贵的资料。钟楼和鼓楼代表了万善寺的钟鼓之声，也是寺庙的重要组成部分。钟楼内的大钟是寺庙的标志性物件之一，鼓楼的鼓声则可以召集僧侣进行早课或重要活动。这些景观与万善寺的佛教文化相互融合，为云台山景区赋予了更加深厚的文化底蕴，也承载着传承和发展佛教文化的重要使命。

2. 太极文化

云台山的太极文化源远流长，是中国传统文化的瑰宝之一。云台山景区内有太极拳发源地——陈家沟，这里是中国太极拳的故乡，也是太极拳的摇篮。每年吸引着大量的太极拳爱好者和游客前来参观和朝拜。

太极拳是吸取民间诸多优秀拳种之精华，结合导引、吐纳术、中医经络学，创编的一种内功拳种。太极拳是一种缓慢而流畅的武术运动，强调身姿、呼吸和意念的配合。这种运动在中国传统文化中被认为是一种修行方式，可以锻炼身体、增强体质、提高智力、陶冶性情。在云台山景区内，每天都会定时向游客展示陈式太极拳表演，许多游客也会在此地学习太极拳的技巧和哲学思想。

云台山景区内还有许多与太极文化相关的景点和活动。在云台山景区内可以看到许多太极图案和雕刻，还有一些与太极文化相关的建筑和景观。此外，云台山景区还会举办太极文化节等文化活动，吸引更多的游客前来参观和体验太极文化的魅力。

第四节　样本介绍

以“云台山”为检索关键词，选取同程网、携程旅行网、马蜂窝旅游网等线上旅游平台的评价信息为样本。因此，本节主要涉及样本介绍与样本选取。其中，样本介绍主要全文摘抄热心游客的在线游记，希望使读者了解游客在线评价；样本选取主要介绍各互联网旅游企业平台的数据量。

览尽人间春色（携程旅行网网友）说：八百里太行最美的峡谷之一，深藏在地下 68 米，不止有北方山川壮阔，又有江南水乡的秀丽。其中，云台天瀑是我国落差最大的瀑布之一，高达 314 米。夏天，飞瀑流水；冬天，一片银装素裹，碧白交映，每一眼都是视觉盛宴。红石峡，由红岩绝壁构成，集泉、瀑、溪、幽、险于一身，素有“盆景峡谷”的美誉，在谷口的一端，还可以看见狭窄的“一线天”奇景，不得不感叹大自然的鬼斧神工。一路上溪水潺潺，植被繁茂，高峰耸立，可以说是移步换景，还可以看见水流量之大，壮观磅礴的云台天瀑。茱萸峰中有文人墨客吟诗作赋，“独在异乡为异客，每逢佳节倍思亲。遥知兄弟登高处，遍插茱萸少一人”便是在此赋词。猕猴谷有非常多的野生猕猴生长在这里，还可以看猕猴表演，非常生动有趣。峰林峡素有“人间天上一湖水，万千奇景在其中”的美誉。

说走就走小丫头（携程旅行网网友）说：其实去云台山的时候还是学生党，本身并没有什么钱，但是丝毫没有阻止我外出的脚步，找了当地的旅行团，趁着周末跟团去，猜猜花了多少钱？不到 500，嘿嘿……吃、行、住都不用担心，唯一有点遗憾的是行程赶得有些着急了，不是说两天的时间不够玩，只是人等人地浪费了好些时间。早上 6 点从郑州紫荆山附近坐旅游大巴出发，差不多就到景区门口了，一下车，看见整座青山呈现在眼前，抬头尽是蓝天白云，还没进景区，就被这突如其来的景观震慑，心里不禁感慨，这趟来得真值。真的，你要在城市待久了，就去看看景区的湛蓝的天空，棉花糖一样的白云，还有绵延的青山，那种视野，那种广阔，能一下子让你忘记所有烦恼。

凤凰看世界（马蜂窝旅游网网友）说：总要去趟王维诗里的云台山。细雨蒙蒙，走进小寨沟，如同误入了仙境，山含玉黛，泉声悠悠，这一处世外桃源，四面皆如仙境，人如入画中游。小寨沟地处云台山北部略偏西，是主要河流子房河的一个源头。沟长 1 270 米，南北走向。沟东面，峭壁耸翠，基岩裸体。沟西面，竞秀峰参差俏丽，峰群一字排列，峰峰直立，争奇斗异。在弯弯曲曲的沟槽内，潆洄着一条会唱歌、会跳舞的溪水。大自然的恩赐，将小寨沟打造成这般仙境。依水而立，四面皆是青山，逆水而行，有如游仙，步步引人入胜，美景层出不穷。于此绝佳之境，我已然流连忘返，小寨沟，意喻为“小能寨沟”，其美可想而知，云雾随风摇曳，此景仿似不在人间。如此美轮美奂的小寨沟，相传为隋末农民起义英雄刘武周和唐太宗李世民安营扎寨之地，如今却成为游人如织的仙境。

旅行美食君（同程网网友）：上次来云台山游玩还是三年前了。三年后又一次故地重游云台山的精华景点——红石峡景区。一大早又刚好赶上下雨，一路上细雨蒙蒙，雨中的红石峡青山碧水，岩石越发红润。景区内秀幽雄险，集泉、瀑、溪、潭于一谷，素来享有“盆景峡谷”的美誉。两岸峭壁山石秀丽，仿佛鬼斧神工。深峡两侧崖壁纹理交错，层层叠叠，好像远古之人垒砌而成，似有规则又无规则，似精心设计又随意搭放。壁石呈赤红色，据壁上勒文介绍，此石富含石英，隆出地面后经数亿年氧化，形成丹霞地貌。崖壁环抱一片深潭，潭水幽碧，微波不兴，静出极致况味。凡石都爱水，山无水不秀，水无石不奇。我去过不少沟峡，看过不少潭瀑。逆沟峡而上，不时有溪流相会，越往上水越弱，潭越浅，瀑越瘦。行至源头，有的水成一线，有的枯为滴泉，游人看到究竟，尽兴而归。

第五节　样本选取与数据预处理

本书使用八爪鱼采集了同程网、携程旅行网、马蜂窝旅游网相关评论建立了基础信息库，这三个网站在国内用户量占比较高，是较为方便的旅游信息平台。以网站最新评论为采集基准，共获取评论 6 776 条，共 409 619 字。删除重复评论、15 字以下的评论、包含标点符号充字数的数据、删除对文本研究意义不大的数据。共删除 1 364 条，剩余有效数据共 5 430 条，有效字数 395 118字。

第六节　实证分析

本书深入探讨了云台山在认知形象、情感形象以及语义网络三个维度上的表现，通过运用 Rostcm6 软件，本节对收集的网络评论文本进行了细致地词频分析。结果显示，游客对云台山的景点和设施方面的感知较为明显，而对历史和文化氛围的感知相对较低。这些发现为我们进一步理解游客对云台山的看法和期望提供了有价值的参考。

一、认知形象分析

运用 Rostcm6 软件对采集的网络评论文本进行词频分析，过滤掉与云台山旅游形象感知无关的词汇，词义相同的进行合并，如“景区”“云台山景区”“名胜”等统一归并为“云台山”；“放松”“高兴”“愉快”等统一归并为“开心”等；过滤掉无意义词，如“去的”“下来”“有的”等。

合并后，可以提取云台山高频词，共计 72 个。从词性看，它主要包含名词、动词、形容词。其中，名词有 15 个，占比为 20.83%，“云台山”“红石峡”“玻璃栈道”等，分别体现在景区的地点、标志物和交通，是对旅游景区形象感知的高度概括。动词 6 个，占比为 8.33%，“爬山”“表演”“拍照”等，反映了景区的娱乐活动项目。形容词最多，积极情感表达词汇 13 个，占比为 18.10%，如“满意”“有趣”“刺激”等。负面消极词汇 8 个，占比为 11.11%，如“遗憾”“后悔”“不方便”等，如表 8-1 所示。

表 8-1　云台山形象感知高频词汇

序号	高频词汇	频次	序号	高频词汇	频次	序号	高频词汇	频次
1	云台山	4 356	25	满意	184	49	隧道	42
2	风景	3 140	26	叠彩洞	176	50	紧张	41
3	不错	1 926	27	爬山	168	51	印象	41
4	红石峡	1 628	28	小寨沟	162	52	热闹	40
5	开心	1 287	29	特色	158	53	讲解	39
6	茱萸峰	1 008	30	万善寺	144	54	超乎想象	37
7	值得一去	990	31	设施	133	55	不方便	35
8	取票	641	32	世界文化遗产	130	56	饭店	34
9	门票	528	33	热情	104	57	周边	33
10	方便	518	34	换票	99	58	态度	33
11	人多	498	35	刺激	99	59	人性化	30
12	潭瀑峡	474	36	观光车	89	60	商业街	29
13	泉瀑峡	433	37	青龙峡	87	61	停车费	29
14	猕猴谷	432	38	缆车	86	62	摆渡车	29
15	玻璃栈道	388	39	管理	81	63	消费	28
16	表演	369	40	拍照	75	64	历史文化	24
17	干净	363	41	导游	72	65	宗教文化	24
18	遗憾	287	42	住宿	70	66	一赛一节	24
19	凤凰岭索道	281	43	峰林峡	66	67	后悔	23
20	排队	272	44	夜游	57	68	神奇	23
21	体验	265	45	差不多	55	69	麻烦	23
22	有趣	244	46	优惠	47	70	垃圾	22
23	停车场	229	47	丹霞地貌	45	71	充足	18
24	子房湖	189	48	美中不足	43	72	空调	18

如表 8-1 所述，上述高频词汇可以划分五个板块，分别是自然景观板块、基础服务板块、游客体验板块、旅游活动板块以及文化宣传板块。例如，自然景观板块主要包括“红石峡”“潭瀑峡”“猕猴谷”等，基础服务板块主要包括“隧道”“住宿”“饭店”等，游客体验板块主要包括“有趣”“满意”“开心”等，景区活动板块主要包括“表演”“爬山”“夜游”等，文化板块主要包括“宗教文化”“一赛一节”等。可以说，在五个板块中，自然景观模块是大自然的天然雕刻，是最吸引游客的地方，也是形象感知最突出的部分，可以称之为云台山的“代名词”，同样也是云台山宣传重点；基础服务模块主要是景区的管理和人文资源；旅游活动板块项目不多，主要涉及表演、夜游等常规旅游活动；文化活动模块相对关注度不高，说明云台山人文旅游资源相对薄弱。

二、情感形象分析

游客的情感感知直接反映了对云台山的评价，是形象感知中最重要的一部分，游客对云台山的负面情绪表达制约了景区的发展，同时也会影响其他游客的选择，所以有关部门必须重视消极感知词，弥补不足之处。本书运用 Rostcm6 中的情感分析功能提取了 5 332 条云台山情感形象评价语句，其中，积极类 4 989 条，消极类 343 条。接下来，使用扎根理论方法对其进行深入剖析，经过概念化、逐一登录并提炼三级编码，最终凝聚为 3 个核心类属（旅游体验、文化活动、服务设施）和 6 个二级子类（景观感受、旅游感受、历史文化、景区活动、服务态度、基础设施），如表 8-2 所示。

表 8-2　云台山情感形象逐级编码过程

一级编码（开放性登录）		二级编码（关联式登录）	三级编码（开放式登录）
积极情感	消极情感		
“环境优美”（111）、“红石峡很美”（65）、“景点不错”（22）、“泉瀑峡风景不错”（17）、“潭瀑峡挺美”（14）、“叠彩洞还行”（5）、“开心”（266）、“有趣”（245）、“很值得一去”（199）、“性价比高”（188）、“满意”（101）、“取票快捷”（90）、“管理很规范”（45）、“服务态度好”（24）	“猕猴谷有点无聊”（27）、“茱萸峰就很一般”（9）、“潭瀑峡一般”（4）、“万善寺比较一般”（3）、“子房湖水也不多”（2）、“遗憾”（150）、“取票太麻烦”（28）、“排队毫无秩序”（27）、“秩序混乱”（26）、“性价比低”（12）、“服务态度差”（8）	景观感受 积极感知（10.1%） 消极感知（1.9%） 游客感受 积极感知（49.8%） 消极感知（10.8%）	旅游体验 积极感知（59.9%） 消极感知（12.7%）

（续）

一级编码（开放性登录）		二级编码（关联式登录）	三级编码（开放式登录）
积极情感	消极情感		
“文化底蕴深厚”（17）、“太极文化节”（5）、“佛家文化”（2）、“道教文化”（1）、“一赛一节活动”（24）、“夜游很有特色”（3）、“猕猴表演很精彩”（10）、“爬山不多”（4）、“适合拍照”（10）	“文化氛围一般”（1）“夜游很差”（2）、“猴子表演没啥意思”（4）、“爬山感觉较累”（6）	历史文化 积极感知 （1.1%） 景区活动 积极感知 （2.2%） 消极感知 （0.5%）	文化活动 积极感知 （3.3%） 消极感知 （0.5%）
“管理很规范”（45）、“服务态度好”（24）、“司机导游素质高”（10）、“饭店多”（150）、“取票很快”（90）、“交通便利”（79）、“停车场很大”（17）、“观光车随便坐”（5）、“商业非常完善”（4）、“索道值得体验”（1）	“管理乱”（28）、“服务态度差”（8）、“一般”（7）、“秩序混乱”（26）、“巨坑摆渡车”（28）、“交通车太慢”（8）、“住宿设施一般”（7）、“取票窗口不多”（5）、“商业味太浓”（4）、“停车收费贵”（3）	服务态度 积极感知 （3.4%） 消极感知 （3.0%） 基础设施 积极感知 （14.9%） 消极感知 （2.3%）	服务设施 积极感知 （18.3%） 消极感知 （5.3%）

注：一级编码括号内数字为该点评出现的次数；二三级编码括号内的数值表示该问题所占比例。

如表 8-2 所示，云台山的积极情感形象感知主要表现在旅游体验、文化活动、服务设施三个大类方面，旅游体验（59.9%）构成了云台山情感形象感知的主要方面，自然景观的优美得到了游客的一致好评；猕猴表演、夜游云溪谷等游玩项目互动深受大家的喜爱；景区的文化底蕴，宗教文化、太极文化等牢牢地吸引着游客；完善的基础设施，管理规范、吃住方便、工作人员服务态度好等无形中增加了游客们的印象分。这些都是积极情感感知的主要构成部分，应该继续保持，二级因子中文化历史方面所占比例较少，仅有 1.1%，这方面还需要进一步关注，在原有的基础上争取做到最好，文化资源、管理服务等方面发展空间还是很大的。同时，消极形象感知最值得关注，对于云台山的形象提升有重要的参考依据，游客的负面情绪出现最多在核心聚类基础设施（2.3%）和游客感受（10.8%）二级因子方面，游客不满之处多是：①取票点不方便。门票在形象感知中出现的频次较高，说明门票的问题直接影响了游客的游玩感受，“取票地点在百家岩，住在其他服务区取票不方便”“网上订票和现场买票都是同一地点取票”，许多游客对此很不满，浪费时间，影响游玩心情。②停车费贵问题。游客反映停车收费不合理，“20分钟内免费，但超了一分钟收费20元”，赶上旅游旺季，取票时难免会拥堵超时，游客感觉很不满。③景区内的管理欠缺。“工作人员的服务态度差”“有个别工作人员对游客爱答不理”“在景区内每到一处都需要排队，没人维持秩序”“排队时间占用了游玩时间”。这些是消极感知中最突出的问题。

三、语义网络分析

运用软件的语义网络分析功能，构建形象感知词之间的关系强度。图8-1由点和弧连接，点指景点名词、游客感受、游玩设施等，弧则表示事物之间的关系度。

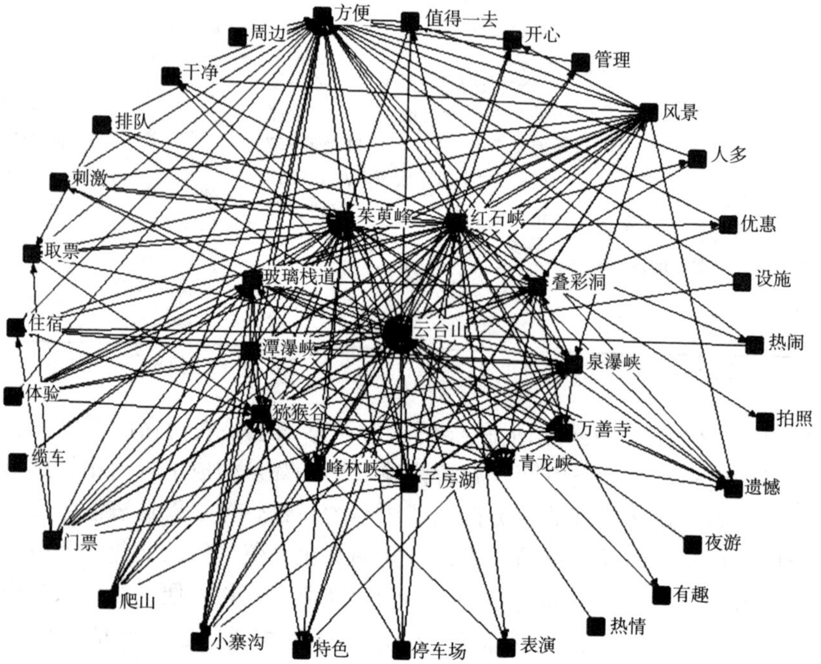

图8-1 游客感知网络语义

图8-1可以划分为三个圈层：第一圈以云台山为中心向外扩散，“云台山”是整个景区的核心词，也是最突出的感知词。第二圈与中心词关联性最强，弧线联系最密切的是游客的游玩轨迹，此层关注点较高，说明游客的景观感知最强，进一步加深了对景区的形象感知。第三圈主要是游客的旅游体验及基础设施、景区活动等方面的信息，游客对景区的情感表达与高频词中的“开心”“有趣”等相对应，这层主要以积极情感为主，但与历史文化方面关联度

不大。三个圈层相互联系，相互交错，清晰地展现了游客对景点和设施类感知性更强，历史文化和文化氛围方面感知较低。

第七节　结论与建议

本书采用文本分析法和扎根理论相结合的研究方法，对云台山旅游目的地的形象感知进行了深入的分析，得出了相关结论与建议。

一、结论

本书通过文本分析法和扎根理论相结合，基于“认知—情感模型”研究云台山旅游目的地形象感知，认识形象上，游客对自然景观的关注度比较高，景观感受构成积极感知的主要部分；基础服务方面游客相对满意，消极感知主要是服务态度、基础设施不完善、管理不到位等问题；关于景区的历史文化内容游客的感知度比较低；游客对景区的游玩活动相对满意。情感上，游客对景观以积极情绪为主，游客的体验感受构成了情感形象感知的主体部分，但工作人员的态度差、猕猴表演缺乏吸引力、停车费贵、取票慢、管理混乱等问题直接影响了游客的体验感受。

二、建议

第一，加快发展景区新主题活动。云台山的人文资源丰富，但目前景区内文化体验的效果不理想，每个景点背后都有一个历史典故，要不断地进行挖掘、发扬，打造景区文化旅游项目；在文化景点配备高素质的讲解人员，并搭配高科技使景点呈现 3D 效果；安排情景剧表演，眼见为实的效果会更为震撼。云台山周边的温县陈家沟是太极拳的发源地，并在 2020 年成功申遗，太极文化走向世界，得到各界人士的关注。太极修身养性，老少皆宜，现在越来越受到大家的追捧。景区可以考虑花样太极表演，选拔一批专业的太极表演者，每天定时进行表演，弘扬太极文化的魅力，诚邀现场热爱太极的游客加入其中。这样游客既欣赏了景色，又能亲身体验到太极拳的震撼。可以创办太极学校，不仅培养太极爱好者，还可以邀请大学体育老师来此进修。将云台山的地理趋势发挥到极致，还可以举办登山比赛，与青龙峡、清天河等适合攀登的景点结合起来，打造云台山“一山一拳”的旅游体育品牌。

第二，重视历史文化与自然景观的联动效应。云台山的历史文化资源相当丰富，但没有得到充分的利用发挥，如“百家岩”其实是百家岩寺，现在更为大家熟知的是百家岩服务区，本身的历史文化味道越来越淡。类似历史景点还有很多，云台山的每一个景点都蕴含着文化底蕴，因此要重视自然资源和历史文化的联动，政府在指导旅游产业发展时应该多注重文化板块，连带着云台山周边的文化遗址一起发展，景区的山水之美与文化跳跃相结合宣传，形成“一景一文”的品牌效应，打造自然景观和历史文化相融一体的景区。

第三，提升管理水平和工作人员的业务能力。景区工作人员的服务态度直接反映了管理者的能力，也直接代表着云台山的形象，应招聘专业对口、管理经验丰富的人员来从事景区管理，游客对景区的负面情绪表达需要管理者及时关注：①加强职工培训。游客来此是为了放松身心，好的服务体验也是游客理应享受的，管理者应制定明确的工作准则，定期培训考核，不断增强工作人员的服务意识和自身素质。②控制物价以及整治停车场。若景区的物价消费水平过高，带来收益的同时也流失了顾客，云台山的服务区多，停车场分散，可以适当地扩建整合停车场，统一管理，标准收费，这样也避免了各家店的恶意竞争。③增设取票窗口。目前，售票口只有百家岩服务区，赶到节假日高峰期，客流量集中，工作人员和游客的感受都会非常不好，在合适位置增设新售票区或设置景区通票，可以解决不同景点返回起点换票问题。

第四，加强游客的体验感受。景区活动没吸引力是游客产生负面情绪的原因之一，在整个旅游过程中，游客希望物超所值，但实际游玩项目有限，游客的参与感差，单纯地观看猕猴表演，买票夜游云溪谷，这些对游客的吸引力不大，且忽略了与游客的互动。应推广能让游客全身心投入其中的项目，景区的客流量主要还是以两日游为主，不观景时投入玩乐中也间接增加了对云台山的印象，如利用云台山丰富的水资源，推出“漂流”项目，刺激又有趣，深受年轻人的喜欢；住宿地点集中，两日游以上者居多，在服务区开展一些亲子游玩项目，如“卡丁车”，带来乐趣的同时，也增强了景区与游客之间的互动。

第八节　本章小节

本章利用内容分析法，以云台山为例，挖掘游客感知。在此基础上，利用复杂网络分析方法寻找游客感知关联关系。经分析可知，在旅游资源方面，游客对自然景观的关注度比较高，对历史文化关注度则不高。在基础设施方面，游客对旅游地游玩活动比较满意，对服务态度、基础设施不完善、管理不到位等不满意。工作人员的态度、猕猴表演、停车费、取票、管理等问题会直接影响游客体验感受。因此，加快发展云台山新主题活动、重视历史文化与自然景观的联动效应、提升管理工作人员的业务能力有助于提高规范化管理。

第九章　总结及下一步研究展望

本书基于复杂网络理论，深入探讨了旅游领域中的游客感知大数据识别技术及其应用。通过深入挖掘旅游大数据，精准把握游客的偏好与行为取向，并运用二模网络技术，构建了中国入境旅游流的网络结构。在此基础上，本书采用复杂网络分析方法，揭示了中国入境旅游的结构特征，并进一步探讨了其驱动因素。同时，本书还运用模糊集定性分析方法，研究了中国乡村旅游发展的路径组态。为了深入挖掘旅游地游客感知，本书还采用了三层贝叶斯概率图模型。此外，通过内容分析法，本书在挖掘游客感知的基础上，进一步探寻了游客感知之间的关联关系。最后，基于上述研究成果对未来研究进行了展望。

第一节　全书总结

本书拟在复杂网络视角下开展旅游地游客感知大数据识别技术及其应用研究，以期可以快捷地从旅游大数据中挖掘游客偏好，高度复原游客行为取向，为旅游供给面如何快速地迎合旅游需要、精准地制定营销策略以及有针对性地整改引流提供新的思路，为智慧旅游增加新的理论指导，本书研究将具有广阔的应用前景。其主要研究结论如下：

首先，利用二模网络技术，构建中国入境旅游流网络，重现全国除香港、澳门、台湾以外的31个省份的13个主要客源国的入境旅游的“多对多”的隶属关系。在此基础上，利用相关指标解析中国入境旅游流网络时空演变规律。第一，从整体结构上看，2008—2017年，中国入境旅游流网络关系数量稳定，维持在110条左右，密度、平均最短路径长度、直径等指标均未出现稳定性增长。第二，中国入境流网络明显呈现“三核集聚”的板块化特征，十八省区板块、京津都市圈板块和青藏高原板块。第三，中国入境旅游流网络存在多中心极核特征。从度数中心度上看，湖北省和四川省度值最高，其在客源国联系广泛性上优势明显；从中介中心度上看，中介中心度存在长尾现象，福建省能够取得中介极大值。因此，着眼于一盘棋整体谋划，释放旅游资源潜力，优化资源跨板块重组，必然会在一定程度上实现优势互补、短板相克，最终实现各地区旅游产业协同发展。

其次，运用复杂网络分析方法，贴合中国入境游客多城市旅游特征，构建中国入境旅游俱乐部关系网络，挖掘其结构特征并剖析其驱动因素。一方面，从中国入境旅游俱乐部关系网络结构上看，31 个省份间存在 276 条关联关系，0.29 的低密度属性说明中国入境旅游俱乐部关系网络碎片化特征明显，一部分地区对另一部分地区的辐射带动能力有限。中国入境旅游俱乐部关系网络有净受益板块、经纪人板块、双向溢出板块以及净溢出板块，板块特征明显。同时，从度数中心度上看，山东省和辽宁省是高度值省份，成为中国入境游客集散中心。从中介中心度上看，山东、辽宁、吉林、上海和广东是高度值省份，成为主要出入境门户省份。另一方面，从中国入境旅游俱乐部关系网络形成机理上看，它是一系列因素共同作用的结果。各省份国际旅游外汇收入、旅游接待设施、旅游交通设施以及旅游服务也对中国入境旅游俱乐部关系网络形成有差异性影响。因此，塑造良好的入境旅游发展氛围、厚植旅游产业基础、挖掘旅游特色，有助于一省份从其他省份引入入境游客，最终推动区域旅游业联动发展。

再次，利用模糊集定性比较分析技术，以全国除香港、澳门、台湾以外的 31 个省份为样本，从资源、市场和产品服务等方面，研究中国乡村旅游发展的路径组态，分析先进地区乡村旅游发展的驱动因素，寻求不同地区乡村旅游发展差异化发展路径。经分析可知，旅游资源决定了乡村旅游的厚度，旅游需求决定了乡村旅游的高度，乡村旅游由东部向中、西部地区依序发展。因此，突出地方特色，增加乡旅供给；加强政策引导，鼓励乡旅消费；提高服务水平，实现高质量发展是推动各地区乡村旅游产业的发展方向。

复次，利用三层贝叶斯概率图模型，以少林寺为例，挖掘旅游地游客感知形象，并结合相关软件深度发掘游客的情感特征。在此基础上，引入社会网络模型构建感知词结构关联。经分析可知，游客对少林寺的消极情态感知总体大于积极情态感知，存在明显的极化特征。因此，加强少林寺旅游资源的保护与传承、加强旅游地内部旅游标志物间的联动、提高商业化服务能力有利于提升少林寺管理水平，优化游客感知。

最后，利用内容分析法，以云台山为例，挖掘游客感知。在此基础上，利用复杂网络分析方法寻找游客感知关联关系。经分析可知，在旅游资源方面，游客对自然景观的关注度比较高，对历史文化关注度并不高。在基础设施方面，游客对旅游地游玩活动比较满意，对服务态度、基础设施不完善、管理不到位等不满意。工作人员的态度、猕猴表演、停车费、取票、管理等问题会直接影响游客体验感受。因此，加快发展云台山新主题活动、重视历史文化与自然景观的联动效应、提升管理工作人员的业务能力有助于提高规范化管理。

第二节　下一步研究展望

在复杂网络视角下开展旅游的游客感知大数据识别技术及其应用研究，对于快捷地从旅游大数据中挖掘游客偏好，高度复原游客行为取向，为旅游供给面如何快速地迎合旅游需要、精准地制定营销策略以及有针对性地整改引流提供了新的思路，为智慧旅游增加新的理论指导。本书基于现有研究成果，对未来研究进行展望。

在现有的研究中，本书采用了复杂网络分析方法、LDA 模型分析、模糊集定性比较分析技术、内容分析法等来探究旅游地的游客感知形象和行为特征。随着科技的发展和研究的深入，未来的研究需要不断创新和拓展研究方法。例如，利用人工智能和机器学习等技术，可以更加高效地处理和分析大量的游客感知数据，从而更准确地挖掘游客的偏好和行为特征。此外，还可以引入更多的定性研究方法，如深度访谈、参与观察等，以更深入地了解游客的体验和感知。

旅游业的发展涉及多个学科领域，如地理学、社会学、心理学、经济学等。未来的研究需要进一步加强跨学科合作，综合各学科的研究方法和理论，从多角度探讨旅游业的发展问题。例如，可以引入地理学和社会学的理论和研究方法，研究旅游地的空间结构和社会网络等问题；可以引入心理学的研究方法和研究技术，研究游客的感知、态度和行为等问题；可以引入经济学的研究理论和研究方法，研究旅游产业的经济效益和发展策略等问题。

参　考　文　献

安德烈，2022. 旅游目的地 LKHV 营销理论拓展 [D]. 上海：东华大学.

保继刚，张子昂，2018. 中国典型“旅游双城”发展特征及其演化机制 [J]. 西北师大学报（社会科学版）(4)：130-137.

曹芳东，吴江，2010. 基于分形理论的旅游业制度系统构建与管理创新研究：以河南省旅游业管理体制改革大整合制为例 [J]. 人文地理 (2)：149-153.

陈立云，2018. 杭州市旅游线路网络空间结构分析 [D]. 金华：浙江师范大学.

陈楠，乔光辉，白凯，2009. 基于行为特征的河南入境韩国游客满意度研究 [J]. 商业研究 (10)：192-196.

陈瑞霞，周志民，2021. 旅游者幸福感研究的知识基础、理论演化、研究热点和前沿：基于 Web of Science 的可视化分析 [J]. 河南财政税务高等专科学校学报 (4)：37-46，62.

陈奕可，陈耀，2022. 芙蓉古村的探索之旅 [J]. 河北教育（综合版）(Z1)：121-124.

陈中科，2022. 游客感知价值的空间分异与人地适应性研究 [D]. 昆明：云南师范大学.

程豪，杨钊，2021. 从大众旅游到乡村旅居：乡村区域旅游发展的新趋势：基于元方法的驱动力分析与旅居地假设 [J]. 地理科学 (1)：83-91.

程兴火，2006. 基于游客感知价值的森林生态旅游景区竞争优势研究 [D]. 杭州：浙江大学.

党亚茹，彭丽娜，2012. 基于复杂网络中心度的航空货运网络层级结构 [J]. 交通运输系统工程与信息 (3)：109-114.

邓三军，袁凌云，孙丽梅，2022. 基于信任度的物联网访问控制模型研究 [J]. 计算机工程与设计 (11)：3030-3036.

丁彦竹，陈倩婷，杨李，等，2021. 基于复杂网络的西南县域游线规划实施评估：以云南省罗平县为例 [C] //中国风景园林学会. 中国风景园林学会 2021 年会论文集. 重庆大学：8.

杜茜，黄燕玲，洪万杰，2023. 旅游资源丰裕度与网络关注度空间错位：以桂林为例 [J]. 湖北经济学院学报 (6)：86-97.

范旭，马军海，修妍，2006. 复杂供应链网络中的不确定性分析 [J]. 复杂系统与复杂性科学 (3)：20-25.

方茹茹，马仁锋，朱保羽，2020. 基于复杂网络的 21 世纪全球邮轮旅游港口：节点体系演化 [J]. 大连海事大学学报 (2)：70-79.

方叶林，苏雪晴，黄震方，等，2022. 中国东部沿海五大城市群旅游流网络的结构特征及其韧性评估：基于演化韧性的视角 [J]. 经济地理 (2)：203-211.

方远平，谢蔓，毕斗斗，等，2014. 中国入境旅游的空间关联特征及其影响因素探析：基于地理加权回归的视角［J］. 旅游科学（3）：22-35.
冯家沛，1996. 云台山旅游气候资源分析［J］. 气象科学（4）：396-400.
冯玉新，李卓，2023. 游客心理契约对旅游地品牌资产的影响研究：以河南洛阳老君山风景区为例［J］. 旅游研究（6）：55-68.
付婷，2021. 江西省区划地名工作为乡村振兴“赋能”［J］. 中国民政（12）：58.
高春留，程励，程德强，2019. 基于“产村景”一体化的乡村融合发展模式研究：以武胜县代沟村为例［J］. 农业经济问题（5）：90-97.
高苹，席建超，2018. 旅游目的地网络空间结构及其复杂性研究：野三坡旅游地案例实证［J］. 自然资源学报（1）：85-98.
巩硕，2022. 用户体验视角下政务新媒体发展路径探究［J］. 新闻传播（23）：6-8.
谷宝华，程春梅，2019. 基于复杂网络的区域旅游线路网络研究：以辽宁为例［J］. 辽宁工业大学学报（社会科学版）（4）：51-54.
管世超，2018. 嵩山景区体育旅游资源开发研究［D］. 长春：吉林体育学院.
郭飞，汪汝健，张云，等，2022. 塑料注射成型工艺参数优化的模糊规则网络模型［J］. 机械工程学报（20）：206-220.
郭华，杨玉香，2020. 可持续乡村旅游生计研究综述［J］. 旅游学刊（9）：134-148.
郭燕霞，赵超，2022. 科学资源分配中的“马太效应”：以 2008—2018 年 NIH 研究领域经费资助为例［J］. 科技与经济（4）：1-5.
郭咏嘉，2020. 吉林省乡村旅游地演化研究：过程、格局、机制［D］. 长春：东北师范大学.
韩小荣，2004. 云台山水世界奇观［J］. 中学地理教学参考（Z2）：20.
何乐，2007. 少林寺的风雨繁花［J］. 中国市场（42）：26-27.
何佩云，鲍斌，2014. 云台山不同生境马尾松林下植被的生物多样性［J］. 江苏农业科学（2）：327-328.
贺红茹，2020. 文化视角下的河南地名［J］. 中国地名（11）：22-23.
胡平波，钟漪萍，2019. 政府支持下的农旅融合促进农业生态效率提升机理与实证分析：以全国休闲农业与乡村旅游示范县为例［J］. 中国农村经济（12）：85-104.
黄芳，2019. 河南省农业与旅游业协调发展研究［J］. 中国农业资源与区划（11）：274-281.
黄伟钊，2021. 旅游产业创新复杂网络的结构与演化研究［D］. 广州：华南理工大学.
黄秀雨，严志强，胡宝清，等，2023. 喀斯特地区土地利用及生态系统服务价值空间自相关分析：以广西百色市为例［J］. 湖北农业科学（8）：44-53.
黄勇，王亚风，黄晖，等，2018. 风景名胜区游线网络结构测评及规划优化：以重庆长寿湖为例［J］. 地域研究与开发（3）：107-112.
黄月玲，刘梓汐，2021 基于可视化分析的民族文化旅游产业化研究综述［J］. 广西民族研究（6）：172-180.
贾爱顺，2018. 河南省乡村旅游产业特征评价研究［J］. 中国农业资源与区划（8）：200-204.
姜洪强，2023. 东北地区旅游流的时空演变、影响机制与优化路径研究［D］. 长春：东北师范大学.

姜鉴铎，张建新，吴国平，等，2019. 基于加权方法的旅游流网络结构特征分析：以南京市为例 [J]. 资源开发与市场（5）：706－711.
焦作日报，2023. 焦作市太极拳保护和发展条例 [N]. 焦作日报，2023－10－24.
琚胜利，2018. 乡村旅游地游客网络关注度特征、机制与空间响应研究 [D]. 南京：南京师范大学.
琚胜利，陶卓民，韩彦林，2017. 南京乡村旅游景区游客网络关注与景区引力耦合协调度 [J]. 经济地理（11）：220－228.
赖婉宜，2023. 泉州非遗提线木偶戏在旅游文创 IP 设计的应用研究 [J]. 明日风尚（4）：115－117.
李爱增，陈博，任艳红，2022. 少林寺与文化旅游产业融合发展研究 [J]. 河南理工大学学报（社会科学版）（6）：98－103.
李安林，魏海蕊，2021. 复杂网络视角下海铁联运物流网络研究 [J]. 软件导刊（11）：57－64.
李波，张绪教，李宗敏，等，2011. 云台山世界地质公园地貌分区与形成机理 [C] //中国地质学会旅游地学与地质公园研究分会，陕西省国土资源局厅，陕西省旅游局，商洛市人民政府. 中国地质学会旅游地学与地质公园研究分会第 26 届年会暨金丝峡旅游发展研讨会论文集. 中国地质大学地球科学与资源学院：8.
李程，2015. 基于旅游信息的网络社区划分 [D]. 西安：陕西师范大学.
李国栋，吴凯伟，2022. 中国旅游城市航线网络特征分析 [J]. 物流科技（17）：62－66.
李国强，2022. 以乡村品牌促进乡村产业兴旺，用地名文化为乡村振兴赋能 [J]. 智慧中国（5）：46－48.
李磊，陆林，孙小龙，等，2020. 高铁沿线旅游流网络结构及其互动关系研究：以合福高铁沿线地区为例 [J]. 人文地理（1）：132－140.
李磊，陶卓民，陆林，等，2021. 贵州省避暑旅游流网络结构特征及其影响因素 [J]. 地理研究（11）：3208－3224.
李立，郝伟，李素红，2023. 基于 GIS 栅格技术的城轨建设成本求解优化研究 [J]. 现代城市轨道交通（7）：107－111.
李倩铭，2014. 邮轮旅游空间组织演变及其驱动机制研究 [D]. 上海：上海师范大学.
李青锋，2022. 贵州旅游产业化视域下知识产权法治保障研究 [J]. 文化创新比较研究（34）：143－147.
李山，王铮，钟章奇，2012. 旅游空间相互作用的引力模型及其应用 [J]. 地理学报（4）：526－544.
李涛，朱鹤，王钊，等，2020. 苏南乡村旅游空间集聚特征与结构研究 [J]. 地理研究（10）：2281－2294.
李雯，2013. 基于复杂网络原理的环渤海经济区滨海旅游业研究 [D]. 烟台：烟台大学.
李喜梅，2017. 河南省生态旅游与精准扶贫协调发展的 SWOT 分析 [J]. 地域研究与开发（6）：93－97.
李湘豫，梁留科，韩辉，2011. 河南佛教文化体验式旅游 ASEB 分析 [J]. 地域研究与开发（4）：98－102.

李旭，秦耀辰，宁晓菊，等，2014. 中国入境游客旅游目的地选择变化及影响因素［J］. 经济地理（6）：169－175.

李洋，2014. 嵩山世界地质公园地质特征与旅游资源保护开发［D］. 北京：中国地质大学.

李玉，2011. 基于空间竞争的温泉度假村旅游营销策略研究［D］. 南昌：南昌大学.

李玉新，吕群超，2018. 乡村旅游产业政策演进与优化路径：基于国家层面政策文本分析［J］. 现代经济探讨（10）：118－124.

梁斐雯，2014. 过饱和旅游流影响下的区域旅游交通网络布局评估与优化方法［D］. 昆明：昆明理工大学.

林雅慧，2022. 基于多元线性回归模型的农村居民旅游消费影响因素分析［J］. 当代旅游（15）：37－39.

林志慧，陈瑛，刘宪锋，等，2022. 中国入境旅游城市合作网络时空格局及驱动因素［J］. 地理学报（8）：2034－2049.

刘铖，张昊鑫，朱晓锋，等，2022. 基于随机网络能量的电力系统暂态稳定评估［J］. 东北电力大学学报（6）：90－99.

刘大力，2022. 浅谈机房传输设备拓扑结构网型改造对广播电视传输播出的保护作用［J］. 内蒙古科技与经济（12）：93－95.

刘红兰，李磊，孙小龙，2023."人—地"协调视角下旅游景区高质量发展机制研究：以贵州龙宫景区为例［J］. 贵州师范大学学报（自然科学版）（3）：19－27.

刘建平，申作平，莫超，2009. 复杂网络思想在上海世博会旅游产业集群中的应用［J］. 经济地理（12）：2023－2027.

刘健，李响，2023. 基于辽宁地域文化的旅游农产品包装设计［J］. 设计（3）：82－84.

刘婕，胡玥，张千友，2022. 大宗商品服务平台型企业商业模式创新演进路径研究［J］. 商业经济研究（7）：130－134.

刘敏，2017. 基于复杂网络的我国旅游业产业关联分析［D］. 兰州：兰州交通大学.

刘琼，康欢倩，2022. 文化 IP 视角下鄱阳湖观鸟生态旅游的开发与应用［J］. 旅游纵览（23）：61－63.

刘小峰，丁翔，2021. 建设工程项目的邻避风险演化研究［J］. 公共管理学报（1）：102－113，172.

刘勇伟，2023. 游客体验视角的 Z 市 S 山少林寺智慧景区营销策略研究［D］. 西安：西安理工大学.

刘梓汐，罗盛锋，2020. 我国红色旅游研究进展及趋势：基于 Cite Space 计量分析（2009－2019）［J］. 社会科学家（11）：44－49.

龙井然，杜姗姗，张景秋，2021. 文旅融合导向下的乡村振兴发展机制与模式［J］. 经济地理（7）：222－230.

骆泽顺，林璧属，2015. 河南省旅游经济差异演化特征及收敛性研究［J］. 干旱区资源与环境（5）：197－202.

马金莲，蔡国英，马静，2022. 乡村旅游新业态下基于顾客角度的甘肃乡村民宿多元化开发研究［J］. 旅游纵览（22）：73－75.

马静，舒伯阳，2020. 中国乡村旅游 30 年：政策取向、反思及优化［J］. 现代经济探讨（4）：116－122.

马利华，颜会哲，袁秀玲，等，2022. 基于小世界网络模型的公众食品安全行为仿真研究［J］. 河北工程大学学报（自然科学版）（3）：107－112.

马晓帆，2022. 基于百度指数的攀岩运动网络关注度时空特征分析及启示［C］//中国体育科学学会体育信息分会．2022 年第十四届全国体育信息科技学术大会论文摘要汇编．安徽淮北师范大学体育学院：1.

毛润彩，陈方，戢晓峰，等，2022. 旅游城市化背景下公交网络与旅游休闲业态格局的空间耦合：以云南丽江主城区为例［J］. 热带地理（4）：659－673.

牛自成，张松婷，2022. 宣城市文化旅游产业竞争力提升措施研究［J］. 绥化学院学报（12）：1－3.

庞磊，任利剑，运迎霞，2023. 超大城市轨道交通拓扑结构及复杂性特征演变研究［C］//中国城市规划学会．人民城市，规划赋能：2022 中国城市规划年会论文集（06 城市交通规划）．天津大学：11.

庞闻，2012. 中国入境旅游流复杂网络的结构特征与角色定位研究［D］. 西安：陕西师范大学．

庞闻，马耀峰，2011. 基于分形理论的旅游流体系结构演化研究［J］. 陕西理工学院学报（自然科学版）（2）：89－94.

皮瑞，郑鹏，2017. 网评少林：少林寺旅游认知、情感、整体形象研究［J］. 干旱区资源与环境（4）：201－207.

秦继伟，2019. “一带一路”背景下河南省入境旅游发展对策研究［J］. 经济地理（11）：235－240.

阮文奇，郑向敏，李勇泉，等，2018. 中国入境旅游的“胡焕庸线”空间分布特征及驱动机理研究［J］. 经济地理（3）：181－189，199.

舒波，2010. 国内外旅游服务供应链及复杂网络相关研究综述与启示［J］. 旅游科学（6）：72－83.

舒波，2011. 基于复杂网络的旅游服务供应链集成性评价［J］. 统计与决策（8）：68－71.

宋瑞，胥英伟，史瑞应，2022. 沿黄九省区旅游产业效率空间分异及其影响因素分析［J］. 旅游学刊（12）：83－98.

汤黎明，魏冀明，赵渺希，2014. 区域旅游线路的复杂网络特征：以福建省为例［J］. 旅游学刊（6）：57－66.

唐宇凌，2012. 基于网络结构的区域旅游合作与竞争研究［D］. 长沙：湖南大学．

童华鲲，肖然，程极悦，2023. 传统村落空间基因感知对游客满意度的影响研究：以歙县雄村为例［J］. 安徽建筑（10）：12－15，29.

王超，2021. 信息通信技术对旅游产业集群网络关系的影响：基于复杂网络理论的分析

[J]. 江苏商论 (7): 75-78.
王恒蕊, 2018. 从《少林寺志》视角探寻嵩山少林品牌的创意开发 [J]. 汉字文化 (10): 51-53.
王洪彪, 王敏, 2021. 网民关注度与情绪对畜产品价格波动的影响研究: 基于新冠疫情期间百度指数与新浪微博大数据的分析 [J]. 价格理论与实践 (8): 108-111, 186.
王晶, 2021. "文旅第一展"亮出荆楚"金名片" [N]. 湖北日报, 2021-12-23.
王立君, 2018. 基于复杂网络的小镇"旅游 IP 提取"模型构建及应用研究 [D]. 徐州: 江苏师范大学.
王琪延, 高旺, 韦佳佳, 等, 2022. 全球旅游网络格局及其影响因素研究 [J]. 旅游学刊 (8): 133-149.
王庆生, 2006. 渑池县旅游产业组织研究 [J]. 经济地理 (S2): 91-94.
王少华, 2019. 河南省旅游产业效率测度分解与时空演变 [J]. 经济经纬 (3): 9-16.
王淑华, 2002. 论河南旅游产业的可持续发展 [J]. 工业技术经济 (5): 50-51, 61.
王淑佳, 孙九霞, 2022. 普适道路还是隐形门槛? 不同类型乡村旅游发展路径的外源因素 [J]. 自然资源学报 (3): 662-680.
王滔, 甘颖进, 杨开忠, 2000. 从竞争与合作看洛阳旅游业发展 [J]. 人文地理 (6): 34-37.
王铁, 李梅, 孙德健, 等, 2021. 农户参与乡村旅游的前因条件与组态路径: 基于 QCA 方法的探索 [J]. 旅游学刊 (3): 70-82.
王永昌, 2006. 云台山区森林立地分类与植被恢复技术研究 [D]. 南京: 南京林业大学.
王永明, 王美霞, 吴殿廷, 等, 2018. 基于 ZINB 模型的中国省域间入境旅游流影响因素 [J]. 经济地理 (11): 234-240.
王语姻, 张艳伟, 郑美妹, 2023. 考虑复杂度的鲁棒闭环供应链网络设计模型 [J/OL]. 浙江大学学报 (工学版) (1): 1-11.
王钊, 李涛, 杨山, 2020. 中国省际入境旅游集散优势度与旅游经济效率的空间关系 [J]. 地理研究 (4): 892-906.
吴必虎, 2001. 区域旅游开发的 RMP 分析: 以河南省洛阳市为例 [J]. 地理研究 (1): 103-110.
吴良平, 胡健敏, 张健, 2020. 中国省域入境旅游发展的空间计量建模与影响因素效应研究 [J]. 旅游学刊 (3): 14-27.
吴文智, 乔萌, 2023. 乡村旅游外来经营者研究进展: 基于中国制度情境的一般逻辑 [J]. 人文地理 (3): 21-28, 191.
吴小妮, 管卫华, 张惠, 等, 2023. 成渝城市群网络关注度的空间分异及影响因素: 基于抖音粉丝量数据 [J]. 世界地理研究 (11): 130-140.
武传表, 丁丽萍, 2022. 文旅融合背景下辽宁冰雪旅游与动漫 IP 协同发展策略探析 [J]. 辽宁经济 (9): 34-37.
夏慧岩, 冉莉君, 2019. 试论旅游经济运行综合指数的构建: 以四川省为例 [J]. 旅游纵览 (下半月) (16): 154, 158.

谢小军，2021. 基于地理标记照片的入境旅游流网络结构演化与空间组织模式 [D]. 南京：南京师范大学.
熊昌盛，谭荣，岳文泽，2015. 基于局部空间自相关的高标准基本农田建设分区 [J]. 农业工程学报（22）：276-284.
徐常兰，2022. 携程网评价视角下衡水湖湿地公园旅游文化形象及对策研究 [J]. 旅游与摄影（19）：107-109.
徐少甫，张天明，2017. 复杂网络数据挖掘在智慧旅游系统中的应用研究 [J]. 数字技术与应用（10）：39-40，42.
徐潇，2020. 少林寺旅游文化资源开发利用 [J]. 当代旅游（28）：42-43.
许韶立，2010. 论河南旅游"弓箭式"战略格局 [J]. 地域研究与开发（6）：100-103.
颜丙金，2016. 文化旅游地特色文化景观的游客多维感知研究 [D]. 南京：南京大学.
杨艳华，2012. 文化产业与旅游产业融合途径探讨：以河南省为例 [J]. 人民论坛（36）：102-103.
杨玉英，闫静，胡雨凯，等，2020. 中国入境旅游业功能定位与宏观驱动因素研究 [J]. 宏观经济研究（2）：131-139.
姚旻，赵爱梅，宁志中，2021. 中国乡村旅游政策：基本特征、热点演变与"十四五"展望 [J]. 中国农村经济（5）：2-17.
叶晨曦，2017. 河南省体育产业与旅游产业融合模式研究 [J]. 体育文化导刊（8）：120-123-128.
叶茂，2021. 湘西地区交通网络对旅游经济格局的影响机理与协同机制 [D]. 长沙：湖南师范大学.
尹瑾雯，2022. 我国城镇发展韧性及空间相关性分析 [J]. 乡村科技（23）：5-9.
于法稳，黄鑫，岳会，2020. 乡村旅游高质量发展：内涵特征、关键问题及对策建议 [J]. 中国农村经济（8）：27-39.
余润哲，张圆刚，余向洋，2021. 乡村旅游地发展影响因素组态与路径研究：基于 17 个乡村案例地的定性比较分析 [J]. 经济地理（9）：225-231.
袁地，耿会娟，李胜楠，2022. 基于复杂网络理论的微电网系统稳定性研究 [J]. 产业创新研究（22）：97-99.
袁怀利，2022. 选择性转发攻击下的无标度网络级联失效建模与缓解方法 [D]. 秦皇岛：燕山大学.
岳贤锋，2008. 河南武术文化旅游资源评价 [J]. 体育文化导刊（7）：41-43.
张宏广，1994. 河南马字地名多 [J]. 中州今古（4）：24.
张传才，梁留科，苏小燕，等，2020. 基于旅游大数据的旅游网络关注度与游客量相关性挖掘 [J]. 洛阳师范学院学报（11）：55-60.
张笃川，2019. "美丽乡村"视角下河南省乡村聚落空间优化研究 [J]. 中国农业资源与区划（2）：137-142.
张高军，吴晋峰，2016. 不同群体的目的地形象一致吗？基于目的地形象群体比较研究综

[J]. 旅游学刊 (8): 114 - 126.

张高军, 易小力, 2019. 有限政府与无限政府: 乡村振兴中的基层政府行为研究 [J]. 中国农村观察 (5): 32 - 52.

张华, 2017. 基于改进 BA 模型的冷链物流无标度网络建模仿真与应用分析 [D]. 马鞍山: 安徽工业大学.

张建伟, 窦攀烽, 焦士兴, 2019. 基于 DEA - ESDA 的河南省入境旅游效率区域差异研究 [J]. 世界地理研究 (1): 111 - 120.

张杰, 麻学锋, 2021. 湖南省乡村旅游地空间分异及影响因素: 以五星级乡村旅游区为例 [J]. 自然资源学报 (4): 879 - 892.

张硕, 2017. 少林寺商业化现象与游客态度研究 [D]. 大连: 东北财经大学.

张文瑞, 2018. 河南省乡村旅游资源的开发与协同管理研究 [J]. 农业经济 (4): 45 - 47.

张文武, 余泳泽, 2021. 城市服务多样性与劳动力流动: 基于"美团网"大数据和流动人口微观调查的分析 [J]. 金融研究 (9): 91 - 110.

张晓旭, 2022. 全域旅游视角下文旅产业作为国家中心城市发展新动能研究: 以郑州少林寺为例 [J]. 濮阳职业技术学院学报 (6): 10 - 14, 29.

张毅, 曹晶晶, 齐莉娜, 等, 2013. 旅游目的地虚拟网络结构特征研究: 以黄山市为例 [J]. 北京大学学报 (自然科学版) (6): 1098 - 1104.

张圆刚, 黄业坚, 程静静, 等, 2019. 城市居民压力源对幸福感的影响研究: 基于乡村旅游休闲参与的角度 [J]. 地理研究 (4): 971 - 987.

章杰宽, 2014. 复杂网络视阈下的国内旅游研究 [C] //中国系统工程学会. 中国系统工程学会第十八届学术年会论文集: A12 系统科学与系统工程理论在各个领域中的应用研究. 西藏民族学院管理学院: 3.

郑建兵, 2022. 复杂网络鲁棒性度量及其应用研究 [D]. 上海: 华东师范大学.

郑鹏, 李阿芳, 皮瑞, 2018. 大争之寺: 中美报纸媒介对少林寺形象表征差异 [J]. 世界地理研究 (6): 134 - 145.

郑自立, 2019. 人文地理学视域下乡村文化旅游开发的问题与对策 [J]. 现代经济探讨 (6): 128 - 132.

钟皓凡, 杨明, 2023. 基于扎根理论与文本分析的黔东南州游客满意度感知评价研究 [J]. 湖北文理学院学报 (11): 67 - 72.

钟丽娟, 2023. 高校音乐教育与民族音乐文化融合的价值及路径探微 [J]. 成才之路 (1): 13 - 16.

钟漪萍, 唐林仁, 胡平波, 2020. 农旅融合促进农村产业结构优化升级的机理与实证分析: 以全国休闲农业与乡村旅游示范县为例 [J]. 中国农村经济 (7): 80 - 98.

钟真, 黄斌, 李琦, 2020. 农村产业融合的"内"与"外": 乡村旅游能带动农业社会化服务吗 [J]. 农业技术经济 (4): 38 - 50.

周慧玲, 许春晓, 2019. 中国城市旅游信息流空间网络结构特征分析 [J]. 统计与决策 (20): 91 - 94.

周梦，卢小丽，李星明，等，2021. 乡村振兴视域下旅游驱动民族地区文化空间重构：一个四维分析框架 [J]. 农业经济问题 (9)：68－79.

周岩，2008. 河南城市旅游竞争力评价 [J]. 商业时代 (32)：102－104.

周晔雨，2020. "月光经济"发展背景下"印象南塘"景区夜游项目发展研究 [D]. 桂林：广西师范大学.

朱锋，2017. 开封乡村地名里的文化密码 [J]. 开封教育学院学报 (1)：1－4.

朱宣怡，2020. 基于供应网络能力研究框架分析我国乡村旅游供应链发展现状 [J]. 现代农业研究 (6)：125－126.

朱衍锡，2022. 基于国家级气象站的甘肃省地理要素空间自相关分析 [J]. 湖北农业科学 (S1)：94－98，103.

资源与人居环境，2022. 云台山世界地质公园（中国·河南） [J]. 资源与人居环境 (4)：82.

邹箭南，2022. 旅游产业化背景下遵义红色旅游发展 [J]. 经济研究导刊 (36)：50－52.

左冰，蔡书漫，杨艺，等，2020. 旅游产业网络拓扑结构演进与旅游经济增长：阳朔案例 [J]. 旅游学刊 (6)：25－39.

Albert－L B，Réka A，1999. Emergence of Scaling in Random Networks [J]. Science (5439)：509－512.

Baggio，R.，Scott，et al.，2010. Network science：A review focused on tourism [J]. Annals of Tourism Research (3)：802－827.

Baggio，R.，Scott，et al.，2016. Network science in tourism：A review [J]. Annals of Tourism Research (58)：120－139.

Baggio，Rodolfo，2005. Complex systems，information technologies，and tourism：a network point of view [J]. Information Technology & Tourism (1)：15－29.

Baggio，Rodolfo，2013. Studying complex tourism systems：a novel approach based on networks derived from a time series [J]. arXiv preprint (2013)：1302－5909.

Barabási，A.，1999. Emergence of Scaling in Random Networks [J]. Science，286 (5439)：509－512.

Borgatti，Stephen P，2009. 2－Mode concepts in social network analysis [J]. Encyclopedia of complexity and system science (6)：8279－8291.

BP，PP，2024. Optimal Energy－efficient Resource Allocation and Fault Tolerance scheme for task offloading in IoT－FoG Computing Networks [J]. Computer Networks：238.

Chen C，2006. Cite Space Ⅱ：Cite Space Detecting and Visualizing Emerging Trends and Transient Patterns in Scientific Literature [J]. Journal of the American Society for Information Science and Technology (3)：359－377.

Chung，Min Gon，2020. International tourism dynamics in a globalized world：A social network analysis approach [J]. Journal of Travel Research (3)：387－403.

Danso，A.，Adomako，S.，et al.，2019. Environmental sustainability orientation，competitive strategy and financial performance [J]. Business Strategy and the Environment.

Das, Kousik, Sovan Samanta, et al., 2018. Study on centrality measures in social networks: a survey [J]. Social network analysis and mining (1): 1-11.

Di Domenico, M., Miller, et al., 2012. Farming and tourism enterprise: Experiential authenticity in the diversification of independent small-scale family farming [J]. Tourism Management (2): 285-294.

Du, Donglei, 2019. Social network analysis: Centrality measures [J]. University of New Brunswick.

Erdös, P., Rényi, A., 1964. On the strength of connectedness of a random graph [J]. Acta Mathematica Academiae Scientiarum Hungaricae (1): 261-267.

Eusébio, C., Kastenholz, et al., 2019. Destination networks: A systematic review [J]. Journal of Destination Marketing & Management (12): 36-49.

Gao, J., Qi, et al., 2019. Structural evolution and topological properties of international tourism complex networks [J]. Physica A: Statistical Mechanics and its Applications (513): 387-397.

Gao, J., Stokols, et al., 2009. Travel choices by customers of bicycle-sharing programs: effects of network structure, perceived station access, and demographics [J]. Transport reviews (3): 317-343.

Guo, Z., Guo, et al., 2018. Analysis of the dynamics of tourism supply chains: A complex network perspective [J]. Current Issues in Tourism (7): 827-844.

Gursoy, D., Chi, et al., 2013. Antecedents and outcomes of travelers' information search-behaviour: A socio-structural perspective [J]. Tourism Management (35): 11-26.

Haq, Farooq, Ho Yin Wong, 2010. Is spiritual tourism a new strategy for marketing Islam? [J]. Journal of Islamic Marketing.

Huang, Songshan, Cathy HC Hsu, 2008. Recent tourism and hospitality research in China [J]. International Journal of Hospitality & Tourism Administration (3): 267-287.

Jarman, David, 2014. Social network analysis and festival cities: An exploration of concepts, literature and methods [J]. International Journal of Event and Festival Management.

Jin, X., Li, et al., 2017. Using complex network analysis to explore the evolution of the online reviews on a tourism destination website [J]. Journal of Travel Research (7): 877-892.

Khan, A., S, et al., 2020. Tourism and Development in Developing Countries: A Policy Implication Perspective [J]. Sustainability (12): 1618.

Kulshrestha, Ruchika, Ashutosh Pandey, 2021. Sustainability of Tourism after the SARS Pandemic: Revisiting the Past Experiences [J]. Virus Outbreaks and Tourism Mobility Emerald Publishing Limited.

Kumar, Rauniyar Ashish, 2019. The impact of inbound tourism on economic growth of Nepal

[J]. International Journal of Academic Research in Business and Social Sciences (3): 183 - 195.

Lee, C., Petruzzi, et al., 2016. Airline passenger choice of transit airports: A complex network approach [J]. Transportation Research Part E: Logistics and Transportation Review (92): 63 - 76.

Lee, Sang - Hyun, 2013. Evaluating spatial centrality for integrated tourism management in rural areas using GIS and network analysis [J]. Tourism Management, (34): 14 - 24.

Li, B., Mi, et al., 2020. Willingness of the New Generation of Farmers to Participate in Rural Tourism: The Role of Perceived Impacts and Sense of Place [J]. Sustainability (3): 766.

Li, X., Li, 2018. A complex network approach to analyzing tourist behavior patterns in a tourism destination [J]. Journal of Travel Research (6): 712 - 727.

Li, X., Wang, et al., 2018. Tourists' destination choice behavior: An empirical analysis using complex network theory [J]. Tourism Management (65): 36 - 47.

Li, Xin, Rob Law, 2020. Network analysis of big data research in tourism [J]. Tourism Management Perspectives (33): 100608.

Liu, Song, Xiaoyan Ma, 2021. How Social Networks Affect the Spatiotemporal Planning of Smart Tourism: Evidence from Shanghai [J]. Sustainability (13): 7394.

Liu, X., Li, et al., 2014. Analysis of tourism destination competitiveness using complex network theory [J]. Journal of China Tourism Research (2): 211 - 226.

Liu, Zhiliang, 2021. Spatial - temporal heterogeneity and the related influencing factors of tourism efficiency in China [J]. Sustainability (11): 5825.

Llorca - Rodriguez, C. M., A. C., 2020. Casas - Jurado and R. M. Garcia - Fernandez. Domestic versus inbound tourism in poverty reduction: evidence from panel data [J]. Current Issues in Tourism (23): 197 - 216.

Maital, Shlomo, Ella Barzani, 2020. The global economic impact of COVID - 19: A summary of research [J]. Samuel Neaman Institute for National Policy Research: 1 - 12.

Mathouraparsad, Sébastien, Alain Maurin, 2017. Measuring the multiplier effects of tourism industry to the economy [J]. Advances in Management and Applied Economics (2): 123.

Mou, Naixia, 2020. Exploring spatio - temporal changes of city inbound tourism flow: The case of Shanghai, China [J]. Tourism management (76): 103955.

P. Erdös, A. Rényi, 1966. On the existence of a factor of degree one of a connected random graph [J]. Acta Mathematica Academiae Scientiarum Hungarica (3): 359 - 368.

Provenzano, Davide, Rodolfo Baggio, 2020. A complex network analysis of inbound tourism in Sicily [J]. International journal of tourism research (4): 391 - 402.

Pucci, T., Magaudda, et al., 2020. The tourist area lifecycle from a complex network perspective [J]. Tourism Management (81): 104146.

Richards, Greg, 2018. Cultural tourism: A review of recent research and trends [J]. Journal of Hospitality and Tourism Management (36): 12 - 21.

Rodríguez - Molina, M. Á., Molina, et al., 2017. Modelling the influence of information on power structures in tourism supply chains: A complex network approach [J]. Current Issues in Tourism (2): 127 - 143.

Sahli, Mondher, Simon Carey, 2013. Inbound tourism and economic growth: A review of theory and empirics [J]. Handbook of tourism economics: Analysis, new applications and case studies (10): 619 - 641.

Seok, Hwayoon, George A, et al., 2021. A social network analysis of international tourism flow [J]. Quality & quantity (2): 419 - 439.

Sio - Chong, U., Yuk - Chow So, 2020. The impacts of financial and non - financial crises on tourism: Evidence from Macao and Hong Kong [J]. Tourism Management Perspectives (33): 100628.

Song, H., Li, et al., 2008. Network analysis of a regional tourism system [J]. Annals of Tourism Research (3): 613 - 633.

Song, H., Zhang, et al., 2016. Complex network analysis of Chinese tourism transportation networks [J]. Journal of Transport Geography (55): 12 - 24.

Songling, Yang Muhammad Ishtiaq, Bui Thi Thanh, 2019. Tourism industry and economic growth nexus in Beijing, China [J]. Economies (1): 25.

Su, MingMing, Geoffrey Wall, 2009. The Qinghai - Tibet railway and Tibetan tourism: travelers' perspectives [J]. Tourism Management (5): 650 - 657.

Van Riel, A. C. R., Semeijn, et al., 2004. Online Travel Service Quality: the Role of Pre - Transaction Services [J]. Total Quality Management & Business Excellence (4): 475 - 493.

Vu, Huy Quan, 2015. Exploring the travel behaviors of inbound tourists to Hong Kong using geotagged photos [J]. Tourism Management (46): 222 - 232.

Wang, D., Li, et al., 2014. Using complex network analysis to assess the resilience of a tourism destination [J]. Journal of Sustainable Tourism (1): 43 - 59.

Wang, Jun, Jie Chang Xia, 2018. Study on the spatial network structure of the tourism economy in China and its influencing factors: investigation of QAP method [J]. Tourism Tribune (9): 13 - 25.

Wang, Zhao - Feng, Wei - Shu Yang, 2011. Recognition and Formation Analysis of the Tourist Industry Cluster in the Border Areas of Hunan, Hubei, Sichuan, and Guizhou [J]. Journal of Jishou University (Natural Sciences Edition) (5): 107.

Watts D J, Strogatz SH, 1998. Collective dynamics of 'small - world' networks [J]. Nature (6684): 440 - 442.

White, Harrison C., Scott A. Boorman, et al., 1976. Social structure from multiple networks I Block models of roles and positions [J]. American journal of sociology (4): 730 - 780.

Xiao, Honggen, 2013. Dynamics of China tourism and challenges for destination marketing and management [J]. Journal of Destination Marketing & Management (1): 1-3.

Xu, Dong, 2022. Tourism community detection: A space of flows perspective [J]. Tourism Management (93): 104577.

Yuan, Jing feng, 2018. Social network analysis for social risks of construction projects in high-density urban areas in China [J]. Journal of Cleaner Production (198): 940-961.

Zhang, J., Zhang, et al., 2020. Exploring the structure and dynamics of a global tourism network: A complex network approach [J]. Journal of Destination Marketing & Management (15): 100388.

Zhou, Ju fang, 2018. Study on the Development of Humanistic Tourism Resources in the Development of Tourism Industry [M]. 6th International Conference on Social Science, Education and Humanities Research (SSEHR 2017), Atlantis Press.